李华 著

高光与嬗变

猎豹汽车沉浮录

中国华侨出版社
·北京·

图书在版编目（CIP）数据

高光与嬗变：猎豹汽车沉浮录 / 李华著. -- 北京：中国华侨出版社, 2025. 1. -- ISBN 978-7-5113-9307-4

Ⅰ. F426.471

中国国家版本馆CIP数据核字第2024FW7217号

高光与嬗变：猎豹汽车沉浮录

著　　者：	李　华
责任编辑：	张亚娟
特邀编辑：	张立云
装帧设计：	云上雅集
经　　销：	新华书店
开　　本：	710毫米×1000毫米　1/16开　印张：14　字数：137千字
印　　刷：	长沙市精宏印务有限公司
版　　次：	2025年1月第1版
印　　次：	2025年1月第1次印刷
书　　号：	ISBN 978-7-5113-9307-4
定　　价：	69.00元

中国华侨出版社　北京市朝阳区西坝河东里77号楼底商5号　邮编：100028

发行部：（010）64443051　传　真：（010）64439708

如发现印装质量问题，影响阅读，请与印刷厂联系调换。

自序

20世纪90年代中期,我大学毕业走出校园,有幸经历了我国经济高速发展的社会巨变,也有幸找到了属于自己的第一份工作,成为一个汽车人。

在长丰集团,我亲身经历了这家企业的全面蜕变:由一个军械修理小厂向大型集团企业的华丽转身,目睹了这个老牌国企遭受重组的深刻考验,尤其切实感受到重组对企业的战略思维、管理模式、企业文化、思想观念等方面的强烈冲击。可以说,重组硬生生地改变了猎豹汽车生存的内外环境。

如果放在我国汽车厂商族群里,猎豹汽车应是一个小众自主品牌的样本。当年,时为军队工厂的长丰集团抓住试制军队师团指挥车的机遇，借势引进日本三菱汽车的帕杰罗V31、V33车型的关键技术，成功完成了猎豹汽车由"土"向"洋"的飞跃，并抓住国内越野车市场空白的良好时机，迅速赶超北京吉普，很快地在国内越野车市场独占鳌头，成为中国轻型越野汽车行业老大。当时，长丰集团野心与梦想交织，打出了"世界一流技术，中国越野先锋"的奋斗标语，"国际化推动战略"也随之问世，加快了产业布局、产品研发的步伐。然而，在残酷的市场竞争环境下，长丰集团的国际化推动战略一度严重受挫，市场份额逐年萎缩。随着2008年国际金融危机的爆发，企业陷入困境，在主管部门的主导下，长丰集团被意外重组，结果是企业的发展空间更为逼仄，每况愈下，走向衰落。

某种意义上说，重组并不是长丰集团日渐式微的根本原因，但绝对是压倒它的最后一根稻草。

在我国国企改革的范例里，长丰集团算是一个标本。这家企业在2000年前启动改革，建立了现代企业制度，完善了全员竞聘上岗、职业经理人等制度，2012年完成了企业高管、技术骨干等持股的混合所有制改革，这在当前国企改革的大背景下，也有特殊的时代意义。

2012年，长丰集团开启"第四次创业"，实施"回归整车业务"战略。2014年至2017年，历经艰辛努力再次获得汽车整车制造资质，陆续推出CS10车型、CT7皮卡、CS9智能网联SUV和猎豹CS9 EV纯电动车型等新车型，在激烈的市场竞争中展现了不俗的竞争实力。2017年集团产销整车13.5万辆，实现营业收入113亿元，跻身自主品牌主流阵营，新猎豹汽车"2341"的发展布局基本形成。然而，新的竞争危机开始出现：面临移动互联网经济的发展和第三次信息革命的浪潮，猎豹汽车传统的产品技术路线逐步落后于以客户体验为中心的信息时代趋势，企业金字塔式的管理模式与现代去中心化的管理要求相比较，显得落伍了。

彼得·伯恩斯坦说："企业兴盛或衰落、股市繁荣或崩溃、战争与经济萧条，一切都周而复始，但它们似乎总是在人们措手不及的时候来临。"

2022年5月，《每日经济新闻》披露，湖南省长沙市中级人民法院裁定对长丰集团及其旗下湖南猎豹汽车股份有限公司等5家子公司进行合并重组，"长丰系"企业负债总额超111亿元。

基于忧虑自主品牌汽车的未来，于是想为这家曾经服务过的企业写点什么。写这样一本小书可能会遇到一些困难，不仅需要对长丰集团原先的定义与描述的形象进行突破，还有一些行业非常隐秘的东西需要去挖掘。因我本人就是现场见证者，本着"历史洪流见兴衰"的观念，便以草根的心态和严谨的态度来对待这次自认为有价值的写作。基于此，我经过冷静的观察和思考后，动笔描绘这家企业改革发展史上的一个个历史画面。

本书以猎豹汽车的兴衰为主线、以时间为脉络，叙述长丰集团历次创业的主要事件，其中包括猎豹汽车的诞生与蜕变、国际化推动战略的实施、两次重组以及猎豹汽车创始人李建新的相关故事等。书中还涉及企业战略管理、企业文化、商业模式等内容。

知名财经作家吴晓波曾说："这是一个还没有老去的时代，你听到的每一个商业故事都是那么鲜活，你见到的每个创业者都充满了野心。所有我们从苦难中学到的东西，都不会没有价值。"

本书的价值并非在于记录了长丰集团和猎豹汽车的过去，而在于对我国自主品牌汽车的现在与未来提供一些把脉和展望的思路。

目　录
CONTENTS

引言 …………………………………………………… 001

第一章：一个与共和国齐成长的老军工

始于南都的美好回忆 ………………………………… 008
备战北迁的艰苦岁月 ………………………………… 009
步入改革开放时代 …………………………………… 011

第二章：产品兴企、产业报国的李建新

"根正苗红"的成长之路 ……………………………… 015
"产品兴企"的技术专家 ……………………………… 018

"颇有湘味"的企业家 ··· 021
"有点老板味"的企业文化 ··· 022

第三章：以专制胜，"土豹子"拓出新天地

始于汽车修理的"土猎豹" ··· 027
雁者，当出颈引飞也 ··· 029
誉满三湘的猎豹越野车 ··· 034
引进洋技术，跃上越野车龙头宝座 ······························ 040
差异化战略，拥有细分市场的短暂辉煌 ······················· 048
技术人才，打造自主品牌背后的故事 ·························· 051

第四章：执着自主品牌，国际化推动战略搁浅

巅峰时期，开启国际化推动战略 ································· 061
员工眼里的"国际化战略" ··· 070
战略超前下的管理盲点 ··· 076
延迟的国际化战略 ·· 079
北美车展：企业国际化的第一站 ································· 082

营销规模：战略转型中不可逾越的魔咒……………… 086
国际化战略布局中的项目盘点……………………… 087

第五章：重组博弈，优势资源遭遇"蚕食"

我国第一宗跨区域汽车重组案例………………………… 116
创新经营思路，重组成效初显…………………………… 121
二次重组背后的"谜"…………………………………… 123

第六章：战略回归，重振整车制造业务

重擎自主品牌旗帜，艰难的回归之路…………………… 135
顺利回归，猎豹出发……………………………………… 144

第七章：第四次创业，剑指"猎豹复兴梦"

开启第四次创业，实施猎豹复兴计划…………………… 155
再求生产资质……………………………………………… 165

企业体制改革的探索 ··· 168
细分市场的巅峰，猎豹汽车的奋力一跃 ······················· 173

第八章：时代的企业，一江春水向东流

传统汽车将走向衰落 ··· 186
李建新正式退休 ··· 188
周海斌成为长丰集团主要负责人 ·································· 190
湖南省政府的"4+1"方案 ··· 193
猎豹沉浮，后人评说 ··· 195
重组嬗变，说说一二三 ··· 201

后记 ·· 206
参考文献 ·· 209

引言

当历史的画卷翻到2014年时，世界经济的变化浪潮俨然挟雷裹电，移动互联网的变革呼啸而来，汽车市场竞争态势变幻无常，谱写出一部又一部风云际会、跌宕起伏的宏大剧目。

商场如战场，在激烈竞争的市场里，成千上万的汽车制造商上演了一幕幕壮士断腕、战国争雄的悲壮故事，令人沉思或惋惜。

长丰集团有限责任公司（以下简称"长丰集团"或"长丰"），是湖南省的一家本土汽车企业。现在一些人可能对"长丰集团"这个名字似曾相识，或者有些陌生，但十多年前，长丰集团及其旗下的"猎豹汽车"品牌几乎家喻户晓。至今，一些"60后""70后"谈及越野汽车，仍掩藏不住对猎豹汽车的赞誉。

2008年，金融危机爆发，华尔街银行家的精密计算演绎成一个巨大的庞氏骗局，来自美国的次贷危机迅速席卷全球。次年，为应对金融危机的冲击，落实党中央、国务院保增长、扩内需、调结构的总体要求，国务院出台了《汽车产业调整和振兴规划》，拉开了汽车兼并重组的序幕。许多人都没有想到，大时代下重组的第一站会降临在湖南，使声名鹊起的"越野先锋"猎豹汽车一度陷入发展的泥沼，让人唏嘘不已。

历史的镜头定格在那一天：2009年5月21日。

那天，进入初夏的芙蓉国，空气里飘荡着清淡的花香，微微潮湿。位于长沙市中心的五星级酒店——湖南宾馆，高朋满座，热闹非凡，一场重要的仪式将在这里隆重举行。

上午9时，嘉宾陆续露面。国家发改委领导，广东省和湖南省的党政负责人，广州市、长沙市等政府官员及社会人士云集一处，上演一折"政府搭台、企业唱戏"的大剧。

今天，这里将举行广州汽车集团股份有限公司（以下简称"广汽集团"）与长丰（集团）有限责任公司（以下简称"长丰集团"）股份转让协议签字仪式，这是国家《汽车产业调整和振兴规划》颁布实施后的首个汽车战略重组项目。

在与会人员的一致见证下，一位个头不高、有些敦实的中年人微笑着走出来，站在广汽集团标牌的席位前，他便是广汽集团董事长张房有。几乎同时，一位略微偏瘦、高个子、双鬓有些花白的中年人步入长丰集团标牌的席位，他是长丰集团董事长李建新。在一阵热烈的掌声中，二者作为企业法人代表在协议书上郑重签字，标志着《汽车产业调整和振兴规划》颁布实施后的首个重组项目在长沙成功落地。

仪式上,李建新用他那带有南方腔的普通话发表了一段简短讲话,内容大致为:"长丰集团和广汽集团强强联合,优势互补,合作共赢,不仅有利于企业的长远发展,也有利于湖南汽车产业的做大做强,还有利于振兴和发展中国汽车产业。"根据协议,未来五年,广汽集团将对湖南省汽车产业投资100亿元,形成50万辆产能,工业总产值达400亿元,实现利税50亿元。

的确,广汽集团与长丰集团的联手有利于湖南汽车产业的做大做强,这是湖南省政府领导愿意看到的,也是本次重组要实现的目标。正如今天人们所看到的,已落户长沙的广汽菲亚特、广汽三菱两大汽车整车企业日趋成为拉动湖南汽车产业的劲旅。这应对了李建新所说的"有利于湖南汽车产业的做大做强,有利于振兴和发展中国汽车产业"。

对于这一宏伟目标,李建新本人心里是有疑虑的。因为,他知道自己的家底。当时,长丰集团的核心子公司——湖南长丰汽车制造股份公司(以下简称"长丰汽车")所拥有的永州、长沙两大整车基地都生产猎豹品牌SUV汽车,合计只有13万辆的年生产能力,年销售收入不超过50亿元。长丰集团控股的皮卡生产基地,即地处安徽滁州的安徽长丰扬子汽车制造有限责任公司,由长丰集团、新华联集团与滁州市国资委三方合力打造,不在这次重组范围。

显然,把单一的SUV汽车规模从13万台跃升至50万台,并不是那么容易。但不论怎样，提升猎豹汽车的生产规模一直是企业的夙愿，也是当地政府的期望。

所以，这次重组的范围，只是长丰集团的SUV制造业务，长丰集团旗下的皮卡、汽车租赁、汽车零部件等业务并没有纳入重组。

广汽集团与长丰集团重组的业务单一，合作层面浅。在双方签订的重组协议上，只是一个合作的框架，体现的是方向性和指导性。对于如何把重组的SUV制造业务做大做强，协议没有明示，对新车型引进、共同开发、对外合作等具体事项也没有涉及，这为以后双方深度重组留下许多博弈的空间，同时演变出许多意想不到的结局。

自重组以来，广汽集团掌握了政策的主动权与机动性，将本次战略重组日益演绎为产业资本运营的商业模式，这一切让长丰集团始料未及。

当时，外界对于广汽集团与长丰集团的战略重组普遍点赞。

业界多是从市场和资源互补的角度诠释重组的重要性，说长丰集团有SUV的雄厚基础，是广汽集团想要的资源，因为其尚无SUV产品。长丰集团尚无轿车的生产资质，又渴望上马轿车项目以提升企业规模，该企业内有一款待上市的自主开发的家用轿车，恰好可以借助广汽集团的轿车资质顺利上市。从重组双方企业披露的消息来看，也聚集在双方资源互补上。因此，这一重组事件引起了社会的极大关注和产业的局部震荡。

○ 2009年5月，广汽集团与长丰集团在湖南长沙签订重组协议

从一定角度来看，企业的重组是对国家汽车产业政策的及时回应，本身就呈现一种特殊的色彩。以下，是2009年8月20日在搜狐博客上的一篇评论：

广汽集团与长丰集团的这一重组，有别于2003年的"天一整合"（即天津汽车与一汽集团的合并）以及2007年的"上南合并"（即上汽集团与南京跃进集团的合并）浓重的"拉郎配"色彩，"广汽与长丰之恋"的瓜熟蒂落，更显自由恋爱的魅力。

广汽长丰重组一定程度上将效仿"上南合并"的模式，即广汽集团和长丰集团将相互交换部分股权，并同时对不纳入合资公司的自主品牌乘用车和零部件业务进行重组。

然而，之后的四年间，长丰集团与广汽集团先后迅速进行了二次重组。

种种迹象表明，在二次重组中，双方企业一直围绕合作进行友善"磨合"，却因战略背离、定位偏差，以及企业文化迥异等因素，双方越走越远，最终，从执手相好到合作破裂，让社会公众频频惊愕。

第一章

一个与共和国齐成长的老军工

> 实施三线建设的主要目的是备战。改革开放以来，世界局势发生了变化，三线企业提供的军工产品供大于求，为了适应市场需求，由生产军用产品改为民用产品。
>
> ——中国社会科学院国情调研组

长丰集团，前身为"中国人民解放军第七三一九工厂"（简称"七三一九工厂"），隶属原广州军区，是一家团级保障性军工单位，属于三线二类军工企业。七三一九工厂位于湘桂粤三省接壤的一个山区小城，在今天的湖南省永州市冷水滩镇，毗邻湘江之畔。此处风景优美，但是交通闭塞，经济比较落后。

企业规模不大，从企业厂房到人员装备，都是部队制式，呈现浓厚的军绿色彩。每天早晨，工厂内都会奏响嘹亮的军号，让人肃然起敬。

始于南都的美好回忆

七三一九工厂历史久远，几乎与共和国同成长。

1950年6月，广州市刚刚解放，战争的炮火在这座海滨城市留下了黑色的印痕，街道上仍见一些残垣断壁。但战后城市重建的生机开始出现，来往人群比较多，有些繁忙。

在市区小土桔村（现广州沙河附近）来了20多名身着绿色军装的战士，驻扎在村落附近的一个遗弃工厂旧址上。他们开始对房屋进行修缮，还搬来了一些机器，一个小工厂便成雏形，这就是七三一九工厂的最早起源。当时，这个工厂被命名为"广东军区后勤部军械修理所"，所里的工人，是广州解放时国民党八〇兵工厂的投诚人员，机器设备也是国民党兵工厂来不及搬走的旧设备，一个军械修理所就这样诞生了。

1950年，抗美援朝战争爆发，组建不久的军械修理所开始投入紧张的工作，他们的任务是修理前线返回的步枪、机枪、迫击炮、六〇炮等武器，为前线提供坚实保障。

陈美林是从朝鲜战场胜利归来的战斗英雄，立过一等功。10多年后，一个偶然机会，他转业到七三一九工厂，突然发现当年他在硝烟弥漫中痛击敌人的卡宾枪就是这个工厂维修好的。他曾在职工大会上感慨地说:"山区的小工厂干着保家卫国的大事,了不起!"

中华人民共和国成立初期,在党的领导下和军令传递中,工厂的师傅和战士们修理各种枪械,高山峻岭、江河之滨,军事战壕,等等,都留下军工战士们忙碌的身影,印记着他们追寻社会主义道路的时代足迹。

备战北迁的艰苦岁月

20世纪60年代中期,在新的历史条件下,为加快三线建设,处于中心城市的武器生产、兵器修理等军工企业要迁入边远山区。根据上级指示,广州军区一些军械机构进行了相应调整,"广东军区后勤部军械修理所"的番号改为"中国人民解放军第202工厂"(简称"202工厂")。

在全国军工企业大规模外迁的背景下,搬迁的步伐也临近这家工厂。一天,东方的太阳刚露出笑脸,公路边的木棉树上长满了含苞欲放的花蕾,车间机床的声音清晰地传过来,工人师傅们正在加工枪炮的金属部件,这时,工厂接到了北迁的指示。1965年7月18日,202工厂第一批干部职工踏上北上火车,带上一些机器、用具或用品,开拔湖南,一个位于湘南名为冷水滩的小镇。此地正如诗句"苔水滩行浅,潜州路渐深"所描述的那样，山势绵延，偏僻荒芜，属于都庞岭—阳明山余脉所在地。从这个地方逆水而上8千米处，有一个叫苹岛的小岛屿，潇水与湘水在那里交汇，中国地理学上称其为"湘江"。湘江一路向东南方流去，成为我国最长河流——长江的主要水系。

军魂闪耀，一路向前。

面对恶劣的环境，工厂的工人并没有被困难吓倒。当时工厂的职工基本是部队转业军官或战士，他们身上烙印着部队熔炉的坚强意志。这家工厂有不少部队英雄或模范，如工厂政委是当年抗美援朝的战斗英雄，还有老厂长是当年在王震359旅开垦"南泥湾"的先进模范，以及广州军区的生产标兵，等等，他们都是在枪林弹雨中出生入死的英雄战士。在搬迁过程中，军人的钢铁意志被完美地体现出来，他们身上传承了许多优良传统，如不怕困难、自力更生、艰苦奋斗等。这些精神影响着身边的人，成为早期企业文化的基本因子。

时至今日，难以想象，一个工厂搬迁面临人力、物力、财力等非常有限的条件。当时，交通运输工具匮乏，没有高速公路，也没有大型装卸车、吊车，完全凭借简陋的工具和原始的体力重建一个新工厂，其重建过程无疑异常艰苦。

在众多英模的榜样示范下，工厂的干部职工表现出高度的工作热情，义务劳动，砌厂房、修营房，购买机具，维修机床，等等。在完成正常的工作外，还拓荒、种菜，改善生活条件。职工靠自己勤劳的双手和军人的智慧重建了一个崭新的修理兵工厂。其间，初步形成了企业文化的雏形，"自力更生，敢打硬仗"成为最突出的企业精神。

为了国防安全，工厂成建制北迁，职工举家迁离城市，在交通闭塞的山区扎根，无怨无悔。工厂员工奉命搬迁，从此改变了自己的命运，包括后代的命运。不知道这些军工战士撤离城市时的心情如何。我想，除了特殊政治气候下惊天动地的革命豪情，还应有人性共有的柔软面，对城市的依恋，对现实的无奈。根据广州军区的指示，202工厂改番号为"中国人民解放军第七三一九工厂"。

步入改革开放时代

湘水流淌，军号嘹亮。

七三一九工厂已搬迁到湖南20年。20个春秋里，在美丽的湘江之畔，七三一九工厂完成了从繁华都市到贫困山区迁移的光荣使命。工厂以军人的勇敢和智慧展示威武文明气质，为国防军工事业和军队后勤保障做出了不可磨灭的贡献，也成为三线建设的一个典型代表，一些先进模范人物也载入国防工业的史册。

20多年，企业从事的军械修理、机械加工与装配、汽车修理及制造、橡胶制件等业务活动，锻炼和培养出一大批技术骨干人才，积淀了机械制造、汽车维修等坚实根底，为后来业务转型奠定了基础。

这是一个新时代，新时代呼唤时代的弄潮儿。

1978年，党的十一届三中全会在北京召开，全国工作重点转移到社会主义现代化建设上，改革开放的春风拂拭过广袤的华夏大地。当时，国家鼓励市场经济的各种探索，市场经济从理论上初步取得社会的认同。党中央提出了"干部队伍革命化、年轻化、知识化、专业化"的战略方针。

在这样既有内在动力又有外在推力的背景下，改革的故事在神州大地——上演。巍峨大山深处的七三一九工厂，有幸成为其中的主角之一。也在那个伟大的时代，民选成为改革的尝试。1984年，条件符合"四化"标准的李建新幸运登台，顺利被选举为厂长。在他的率领下，工厂走上了一条彰显时代色彩的发展之路，逐渐打破"等、靠、要"的保守观，先行一步，勇敢地闯入市场。

自此，这所工厂开始迈入改革与发展的春天，企业冲出闭塞落后的山区，一步步融入市场经济的广阔天地，以矫健身姿展示军工企业的独特风采，破茧成蝶，迈入"汽车制造"的宏伟时代。

1984年是我国商业领袖登上时代舞台的重要年代。

大家所知，如张瑞敏、柳传志、王选等都是那一年开始创办企业或出任企业"一把手"。后来，他们通过出色的经营管理，把一个个默默无闻的小企业，发展壮大成为中国业界有重要影响力的企业集团。他们也是2000年前后在全球化的浪潮中，面对与国外企业同台竞争的挑战，抢抓世界产业转移的机遇，通过战略、产品、人才的建设，全面向国际化转型，迅速地做大做强，驶入发展的快车道，让海尔等企业成为行业的标杆，成为民族企业的骄傲。

如同当年的海尔、联想一样，七三一九工厂（长丰集团）也较早地立于经济大潮的前列，用先进的管理理念经营企业，行业影响力很大。不料，在以后的改革发展中却屡遭挫折，以至在民族汽车产业发展的曲折栈道上，徒留深深的叹息。

◐ 20世纪80年代初，广州军区首长一行视察中国人民解放军第七三一九工厂合影

第二章

产品兴企、产业报国的李建新

> 中国企业家不懂政治，就做不好经济。
>
> ——阿里巴巴主要创始人之一：马云

在互联网上很容易检索到李建新的个人信息：李建新，汉族，中共党员，河北枣强人，毕业于华中科技大学管理科学与工程专业，教授级高级工程师，先后被评选为"全国劳动模范"，第十届、第十一届、第十二届、第十三届全国人大代表，曾任长丰集团有限责任公司董事长、党委书记等职务。上述信息比较简单，无法反映李建新的全面情况。2001年前后，一些媒体记者曾频频关注时值鼎盛的长丰集团，李建新有所保留地允许采访他及其团队。《湖南日报》《中国经营报》等报刊曾先后刊载长丰集团和李建新的新闻报道，一些新媒体也密切追踪猎豹汽车的消息，从不同角度探求猎豹汽车快速成长背后的故事。

长丰集团属于湖南省国有企业，李建新的经营思想在本地业界有一定的影响力，他的管理哲学为长丰员工所广泛知晓。

"根正苗红"的成长之路

从成长经历来看，李建新没有一些企业家富有传奇色彩的故事，呈现给公众的，是一条传统的技术精英的成长轨迹。

1953年10月，李建新出生于一个部队干部家庭，祖籍为河北省枣强县。其父亲是南下军队干部，后转业到湖南省零陵地区某林业局，扎根南方后，迎娶本地区一位个子高挑的女子为妻。其母亲生下二儿一女，长子便是李建新。在这样有革命传统的家庭里成长，他的思想离不开特殊年代烙下的印迹，红色家庭的人生信条、报效国家的壮志、艰苦奋斗的精神深深地刻在他的骨子里。

那时，李建新一家也经历了社会底层的苦难。作为老大，他带领弟弟妹妹寄居在亲戚家里，担负起照顾弟弟妹妹的重担，饱受苦难岁月的磨砺，这些苦难岁月成为他掌舵企业后的宝贵精神财富，在他身上始终保持一种正视困难、敢于拼搏的硬汉精神。

高中时，李建新像其他同龄人一样，受当时社会环境的影响，荒废了许多时光。高中毕业后，李建新成为七三一九工厂的一名职工。当时，因为有高中文化基础，形象好、口才佳、有想法，工厂领导给他两个选择，一是留在厂办公室，二是下车间。李建新二话没说，主动要到车间一线去，钳工成为他的第一个岗位。在钳工岗位期间，他非常喜欢学习，经常到厂图书馆借书。有不明白的地方，他虚心向老师傅或专家请教，对技术的疑难问题表现出强烈的兴趣。当时他说过一句话，至今还有人记得："不弄懂，不睡觉。"也是这种精神，让他迅速成长为企业年轻的技术苗子。

1973年，一个机会来临。工厂要保荐一名优秀员工上大学，选拔方式是"考试+推荐"。敏锐的李建新马上意识到这是一个改变命运的重要机会。他通过亲友找齐高中的教材，下班后把自己关在家里啃书本。一次，他在下班途中，偶然听到子弟学校有一位名叫邹世圭的老师，毕业于武汉大学数学系，教学水平很高。听到这个消息时，他当晚赶到邹老师家。个子不高的邹老师看到李建新一脸虔诚，还有他手上捧着几本发黄的数学教材，便答应了做李建新的辅导老师。有了辅导老师，李建新更加刻苦，几乎每天晚上学习到深夜。通过数月的努力，他在厂里的笔试成绩获得第一名，分数远远高于第二名，也顺利通过了组织政审，被推荐进入武汉华中工学院（华中科技大学）机械专业学习。

大学毕业后，李建新又回到工厂技术科，在解决技术难题上展现他专业的功底和独到的见解，为同事们所称赞，不久晋升为副科长、科长。1984年，改革的春风唤醒了这家位于山区的军工厂。当时，老厂长退休，新厂长一时没有合适人选，上级决定以民主竞选的方式产生新的工厂负责人。当时年仅31岁的李建新，在他人的疑惑中，也报名竞选。李建新的竞选演讲非常精彩，且由于他政治品德过硬、专业技术高超、管理思路清晰等，最终以最高选票赢得第一名，出任七三一九工厂的厂长。

刚过而立之年的他，走的是一条技而优则仕的成长道路。

李建新执掌企业管理权后，展现出独到的技术优势和战略眼光。在他的领导下，工厂较快地实现了由军品向民品的转型，稳健踏上汽车制造之路。他主导的猎豹汽车进入军品配套体系，后来又成功引进日本三菱汽车先进技术，成为国内轻型越野汽车的"黑旋风"。企业的效益和声誉蒸蒸日上，树立了他较高的个人威信。

环顾四周，当初与七三一九工厂同期起步的部队工厂在改革浪潮的冲击下，要么搁浅，要么沦于他人之手，甚至不复存焉。长丰集团一次又一次闯过艰难险阻，从山区走到省会都市，折射出李建新不凡的经营管理能力和商业智慧。

"产品兴企"的技术专家

在1984年之后的30余年里,李建新一直任企业"一把手",掌控企业发展的航向。

在写作本书时,笔者发现长丰集团的发展轨迹出现一种现象,即"产品新,则企业兴",否则,企业便在市场竞争中一度挫败。笔者也惊奇地发现,李建新一直笃信"技术胜天"的理念。仰仗这种理念,长丰集团由一所小军械修理厂壮大为一个产值近百亿元的现代企业集团;仰仗这种理念,企业投资兴

● 长丰汽车长沙技术研究开发中心

建两个汽车研发中心；仰仗这种理念，投资数十亿元自主研发多款新车；仰仗这种理念，赴北美车展并广纳汽车英才……这一切都体现在李建新始终坚持的"产品兴企"理念上。

军队企业的多年浸淫经历，让李建新形成处事干练的良好素养。作为一家军工的军械修理厂，技术人才是重要资源。他把技术人才置于很高的位置，对技术人才钟爱有加。

2001年，长丰集团总部仍在偏僻的永州，企业在长沙开始设立销售总公司和研发中心，并且不断招聘新的技术人才。李建新经常亲自任主考官，面试提问。对于其他高管推荐的优秀人才，他一定要亲自看看。在各级管理团队里，有不少受李建新青睐的技术人才。对技术人才的钟爱，本身是企业领导人的一种强烈主观倾向，这对于高技术含量的汽车制造企业本身来说，也符合常理。

从集团公司的高层到各子公司的经营团队，80%都是工科、技术出身，甚至就连销售总经理，李建新都强调必须具备"技术专家+管理专家"的身份和能力。例如，2008年负责集团销售的姚志辉，虽然不是技术出身，但先后在零部件公司、整车生产基地任过总经理，具有坚实的生产与技术管理经验。

细观企业的发展历程，不难发现，李建新及其团队一直坚定地走着一条"产品领先"之路。1995年，工厂开始试制出第一台猎豹车，产品品质在全军响当当的。后来，引入三菱汽车帕杰罗V31、V33产品技术，经过国产化改造的猎豹汽车一度被评为全军和湖南省的"优质品牌"。在此过程中，李建新自己对技术也乐此不疲。他经常参加产品研发会议，为某个技术问题与技术人员交流，还挤出时间查阅资料，研究图纸，工作到深夜。他爱人曾直言不讳地对他说："你哪里像一个企业老总，就像一个总工程师。"李建新则"嘿嘿"一笑。

从1984年到2016年的30多年里，李建新一直担任企业研发中心主任。年过花甲的他仍担任集团公司产品战略委员会主任，主抓新产品研发工作。在社会任职上，他曾担任中国汽车工业协会副会长、湖南省汽车行业协会会长等职务，在国内越野汽车业界享有较高的声望。

李建新身上表现出了强烈的商业精神，可与他身上的工业精神相媲美。

1995年，长丰集团提出"汽车产业报国"的理念，提出建设"世界一流技术，中国汽车工业谷"的宏伟目标，气势雄伟，气魄撼人。

1997年，猎豹汽车成为中国人民解放军进驻香港第一军车时，企业进行大规模的宣传，全方位的思想政治工作和强大宣传阵势，让企业的职工群众记忆深刻，为之热血澎湃。当猎豹汽车一路飙升，大规模地配备军队系统，到成为检察、司法、森林、消防等政府部门的公务用车时，猎豹汽车也一度成为公务用车的代名词。长丰集团官方则一再声明猎豹汽车为"自主品牌"，呈现一种独树一帜的本土企业风格，个性鲜明。

让人至今津津乐道的是，2001年，长丰集团计划与日本三菱公司深度合作。在谈判过程中，日本三菱公司提出转让经营权、悬挂三菱品牌商标等要求，遭到李建新的断然拒绝。李建新曾对一位媒体记者说："与三菱汽车的合作，长丰集团要坚持两个底线：一是猎豹汽车悬挂自己的商标，二是不能失去合资企业的控制权。"这个故事曾在一定范围内流传。

李建新具有工业精神的同时，商业精神也展露无遗。

一般来说，具有工业精神的企业都有一个宏伟的企业愿景，围绕此愿景衍生出强烈的企业使命。这种企业使命能驱使企业攻坚克难，十年磨一剑而不悔。

长丰集团反复咏唱"世界一流技术，中国越野先锋"，由此催生出强烈而强大的企业使命，期望造出中国一流的越野汽车。可以说，民族汽车情结在李建新身上是一道照亮众人的高光。

多年来，李建新率领团队为民族汽车竭尽全力。中国尚未加入世贸组织时，长丰集团就提出"国际化推动战略"，后来接连不断地投资，组建汽车服务、二手车交易、汽车金融、国际贸易等公司，投资开发新车型、发动机公司等项目，全面出击。

"颇有湘味"的企业家

李建新的人生经历呈现一般国有企业领导人的特征，终身服务于一个企业，人生轨迹呈直线形。他身上有浓厚的"技术兴企"情结：崇尚技术，追求产品领先。

他的唯技术偏好，让其表现出独特的管理风格。在任用干部上，体现了他的"技术优先"的主观色彩，而且喜欢使用有技术背景、"霸得蛮"、执行力强的干部。在这种标准下，企业的干部队伍结构不同程度地烙上"同出师门"的印记。事实上也是如此，长丰集团的管理队伍大致可分为三类：第一类是大学科班出身，工科毕业为主，经过岗位历练，作风硬朗的；第二类是在永州创业的元老团队和相关子弟，执行力强的；第三类便是他身边的人。

军队崇尚一切行动听指挥，崇尚军令如山，军队企业也如此。

"有点老板味"的企业文化

不论国有，还是民营，一些企业"一把手"习惯被下属称呼为"老板"。长丰集团也是一样，这家企业形成了颇有特色的"家"文化，一定程度上带有老板味的企业文化。

"融合"是长丰集团的文化特征之一。在企业发展中，将军工文化、湖湘文化与外来管理思想相融合，更多的是，长丰企业文化与军旅文化相融合，形成带有部队色彩的企业文化。时至2020年，集团永州基地仍保留着上下班播放吹军号的文化习俗。嘹亮的军号声中，员工们开始起床，走进车间，启动机器。军旅文化以一种神秘的力量影响着员工的言行。

如果说数十年来听军号声上下班，是企业的特定文化仪式的话，那么，敢于拼搏、敢打硬战就是一种内在的文化特质。追溯企业历史，长丰员工肩扛手搬，完成了战略转移；军品锐减时，敢向汽车行业进军，并且手工敲出第一台"汽车"。即使在国际化屡败途中，李建新仍坚持高举自主品牌汽车的旗帜，提出第四次创业，这种气魄和勇气，令人肃然起敬。

作为一家老牌军工企业，职业相对稳定，职工子弟一般多是招工进厂，二代或三代同在一起，"子承父业"成为司空见惯，这成为"家"文化的坚实基础。另外"师傅带徒"也是常见模式。老师傅在工作、生活、人际关系等方面给年轻人多方指导和照顾，师徒关系非常亲密。从李建新到各级负责人，没有所谓的官架子，扮演着"导师"或"家长"的角色。"一家生火百家暖"，这种情感文化赋予极强人际关系纽带，形成一种团队亲情文化为基础的"家"文化，促进了企业的稳定发展。

"创新发展，追求卓越"是李建新一直倡导的，也成为企业的核心价值观。培育创新人才、引进专业人才、激活现有人才，是企业文化蕴含的一个重要内容。在企业扩张期，一大批年轻人就在这样的背景下通过加任务、压担子、铺路子，迅速成长起来。工科出身的才俊们，迅速挤上"后备干部"的通道，一些年轻人晋升为科长、部长，甚至子公司高管。

作为全军第一批建立现代企业制度的军工企业，按照《中华人民共和国公司法》等规定，长丰集团逐步建立起党委核心领导、董事会集体决策、总经理经营管理、监事会依法监督、工会职代会民主管理的法人治理结构，并在实践中逐步丰富与完善，较好地理顺了老"三会"与新"三会"的关系。多年来，由于军队企业扎实的思想政治工作，再加上坚持厂务民主、民主评议等制度，基层管理体现出较丰富的民主特色，使得这家企业呈现融融可亲的良好干群关系。

值得一提的是，李建新有比较浓厚的忧患意识，他反复告诫班子成员及干部："（我们）企业离失败永远只有一步之遥。"他还经常引用微软公司联合创始人比尔·盖茨的一句话："离破产只有18个月"，以此引导广大干部和员工树立危机意识，强化居安思危，不断创新。

> 50年风霜雪雨，三次艰苦创业——我们更坚信：创新发展是企业之魂，是不断超越自我，赶超世界一流的动力之源。
>
> 新世纪朝阳已经升起，千禧龙腾，世纪豹跃——龙腾，昭示着中华民族的振兴；豹跃，将产生一个跨世纪的汽车工业谷——世界一流技术，中国越野先锋。
>
> 董事长：李建新

◐ 长丰集团鼎盛时，媒体上刊登的李建新照片

第三章

以专制胜
"土豹子"拓出新天地

> 企业发展就是要发展一批狼。狼有三大特性：一是敏锐的嗅觉，二是不屈不挠、奋不顾身的进攻精神，三是群体奋斗的意识。
>
> ——华为创始人：任正非

一个规模小、主业不突出、技术不先进的小企业，为什么能从我国南方都庞岭深山老林里走出来，异军突起，且一度成为我国越野车市场的领军企业？为什么像日本三菱汽车这样的跨国公司，愿意向这样一个不具备明显技术优势和区域优势的企业伸出橄榄枝？

也在这，一些可圈可点的传奇故事吸引人们走近与关注这家企业。

始于汽车修理的"土猎豹"

我国现行的中学教科书上，常会提到党的十一届三中全会是我国改革开放和开辟中国特色社会主义道路的起点。事实上，这个过程是曲折而缓慢的。当时，刚刚拨乱反正，许多传统的思想观念仍然禁锢着人们的头脑，全国全党对于"改革开放"这个观念似乎都认同，但如何搞，却众说纷纭，论调不一。直至20世纪80年代中期，党中央提出了干部的"四化"标准，催生了一种新的人才观念。新的时代呼唤有闯劲、能力强的年轻人才登上历史舞台。在这个时代背景下，年轻的李建新脱颖而出。

当然，这也绕不开当时军队大规模裁军的特殊背景。

20世纪80年代，我国的外交战略发生重大调整，国防建设的思路也相应变化。1978年后进行了几次较大规模的裁军，对军工企业产生了深远的影响。裁军不但影响我国的军制形态，也造成军队战备物资生产与投入明显减少，对枪、炮等军械修理军工企业造成强烈的冲击。

1985年，由于军品维修业务量的锐减，七三一九工厂半年的收入不到300万元，这用于发放职工的工资福利都不够。

迫于生计，当时工厂进行转型，尝试军用转为民用，如生产高压锅、手电筒等之类的消费品。但由于缺乏针对性，这些民品缺乏销路，大量积压在仓库里，出现资金周转困难。在发展困境面前，工厂领导没有好的举措，于是，出于对未来担忧的抱怨、怀疑等情绪弥漫企业各个角落。

下一步企业向何处走，成为一个必须回答的课题。

这个时期，工厂的主要领导退休了，谁来继任？这成为企业上下共同关心的话题。这时，李建新开始走进了人们的视野。

机会总是属于有准备的人。根正苗红、技术精湛、业绩出色的李建新成为上级关注的人选之一。

1984年10月，李建新通过了广州军区的政审，成功入围竞选者。有人回忆当年工厂厂长竞选的情景：工厂老礼堂里，数百名员工坐在台下观看。当年的李建新身材单薄，上台演讲时习惯地挥动有力的手，用带有南方口音的普通话陈述他的工作思路，铿锵有力的声音传遍礼堂每个角落。当时他说过一句话："如果我当选完不成经营任务，愿意受罚，就地免职！"掷地有声，获得阵阵掌声，展示出他果敢而坚毅的性格和"敢为天下先"的湖湘精神。

雁者，当出颈引飞也

市场经济呼唤敢闯敢试的时代英雄。李建新出任厂长后，"找米下锅"这个重任落在他的肩上。

当时，工厂有7个车间，共生产8个不同的产品，无一个叫得响的拳头产品，如何整合资源？怎么转换生产经营模式？空想不可能产生解决方案，李建新便从市场中寻找答案。他先后拜访行业的一些"大人物"，带领几个经销人员南下北上，四处奔波，了解市场信息，收集第一手资料。白天与大家商谈，静夜独自思考，逐渐梳理出工厂发展的初步思路。最终确定工厂的总体经营思路：保军养民，开拓民品，军民结合，以民养军。在产品定位上，打破单一生产，突出盈利民品。李建新的想法得到班子其他成员的支持，但在产品实施上，对于李建新提出的努力向汽车制造转型，班子里有不同声音。反对者认为，造车是复杂的大工程，就是中国的一汽、二汽都造不出什么好车，这样一个修理工厂更难以行得通。反对者的观点不是完全没有道理，因为当时我国的汽车工业刚刚起步，产品只有一汽的红旗轿车和二汽的解放卡车。刚冲破禁忌的上海大众汽车项目，在人们怀疑的目光中还处在开工兴建阶段，不知何时完工。七三一九工厂要走"造车"之路，可以想象困难之大。

但在李建新的坚持下，最终争取到班子成员的支持。

事实证明，第一个"吃螃蟹"的人是有回报的。

明确造车方向后，工厂决定从"仿制"开始。由于电影等文化影响，美国吉普车不仅为人知晓，也符合军队的硬朗风格，于是，美国克莱斯勒公司的吉普车成为学习对象。李建新组织一些技术人员对美国吉普车进行拆解与改装，经常加班到深夜，有时通宵达旦。

1985年下半年，七三一九工厂生产的"湘陵牌"越野车下线了，崭新的产品如同美丽的鲜花呈现在人们面前，让工厂上下眼前一亮，尤其令人欣喜的是，广州军区的技术专家来现场评审，得到的结论是"OK"。"湘陵牌"越野车一推向市场，马上供不应求。不久，工厂开始改装其他型号的专用车，长丰"CF630旅行车"，以及其他三种专用特种车的样车陆续成功改装，并推向市场。在当时汽车供应短缺的年代，这些产品虽然不高档，却广受用户的欢迎，填补了湖南省汽车工业的空白。当年七三一九工厂盈利180万元，创历史最高水平。

今天看来，在不到12个月的时间内开发出两款车型，似乎不可思议。事实上，当时企业只有车床、铣床等生产设备，说是"造车"，其实就是仿制外形，喷漆以及改装相关系统，基本是手工敲车。相对于基准车来说，仅有几分相像罢了。这样的产品在市场上一度畅销，可以想象经济转型初期高档工业品的匮乏，也可窥探汽车市场蕴藏的巨大空间。

当时，国内工业机械行业应该有不少具备机械加工、设备保障实力的企业，因为没有感受到"倒逼压力"，缺乏冒险精神，没有大胆改革，一旦市场经济浪潮汹涌而至，要么随波逐流，要么自横沙滩。

回顾那个特殊时期，真是一个属于开拓者和冒险家的时代。当时，张瑞敏、柳传志、王选等人，因为对市场非常敏感，并具有忧患精神，成为"先知先觉"的一批人，他们几乎在同一个时期登上历史舞台，开始改革的艰辛摸索，最后他们都成功了，成为众人敬仰的企业家。

无疑，当年的李建新也如同张瑞敏、柳传志他们一样，运用商业智慧，力挽狂澜，成功地立在同行的前头，演绎了一个军工企业的风云故事。

20世纪80年代中后期，市场环境发生了戏剧性的变化。国家开始重视汽车工业的发展，以投资方式发展汽车工业。1984年中美合资的北京吉普公司成立，第二年中德合资的上海大众公司也成立，不久广州标致汽车公司也相继成立。一些有着敏锐嗅觉的企业意识到汽车产品短缺的巨大机会，通过外贸进口国外相关品牌汽车，增加了汽车行业的竞争压力。

暂时的成功，并不意味着永远成功。李建新有一种先天的忧患意识。面对工厂模仿"造车"成功，并没有像外界看来那样——工厂似乎前途一片光明。李建新非常清楚，无论是"湘陵牌"越野车，还是"长丰牌"旅行车，都停留在外形模仿阶段，对于外形设计、开发流程、工艺设计等还是未知的"黑洞"。他开始深入思考企业的长远发展。显然，以传统方式制造汽车，未来是行不通的。

1986年，一个振奋人心的消息传来，我国军队将启动一个研制轻型越野车的项目，准备选择有实力的军队企业来共同研制。为了抓住这个机会，李建新多次带领相关人员向上级有关部门汇报，介绍工厂研制越野车、旅行车的实力，积极争取上级的支持。

功夫不负有心人。七三一九工厂与另外一家兄弟企业7427工厂配合中央军委总后车船研究所，三方联合研制轻型越野车的项目批下来了。据说，由两家军工厂进行研制越野样车，主要是为了内部竞争，谁好就选谁的，最终由军委拍板决定。这个项目一经公布，对企业来说是一种巨大的威压，使这家企业进入一种冲刺的紧张状态。

那时，湘南小镇刚进入春天，残雪消融。这时的七三一九工厂面临一场严峻的考验，能否如期研制出轻型越野汽车，是一个事关企业生存的问题。李建新亲自担任试制小组组长，带头把被褥搬进了车间，这种干不出誓不回头的精神，感染了周围的干部与职工。

在研制过程中，许多意想不到的困难让人发愁。首先是图纸关。军委提供的技术图纸，不仅有些不完备，有些还是英文版。其次是技术关。因为样车采用的是全金属车身，要求呈几何形状双曲线面，结构复杂，技术工艺难度大；汽车底盘设计采用许多先进总成件技术，这种组合技术对于一个缺少专业人才队伍的企业来说，失败的风险较大；汽车车舱内要求全软化，对舱内的第二排要求是舒适性强，密封性好。再次是制造工艺关。全金属车身的制造、底盘总成的合成，对车身钣金、焊接等技术及工艺提出极高的要求。最后是时间关。上级军委要求四个月内拿出样车。

以上众多困难，恍如四座巍峨高山横亘在企业全体职工面前。

七三一九工厂不愧有军队的坚强作风，敢打硬战的精神在这场研制战斗中展露无遗。工厂职工抱着"有条件要上，没有条件创造条件也要上"的决心，投入紧张而艰苦的工作。工厂副总工程师刘克善拿出蚂蚁啃骨头的劲头，对图纸资料不完备、工装模具缺乏等困难，一个一个地解决。为了争时间、抢速度，试制工程人员陆续把铺盖都搬到了试制现场，一个个不分昼夜地干活，加班加点，车间整夜灯火通明，热火朝天。有的同志甚至三天三夜没合眼。工人技师方忠星，因病切除了3/4的胃，但他忍受着病痛，同其他年轻的同志一起通宵达旦地工作，在车身钣金焊接上，反复试验，最后用手工榔头敲出了精致的作品。"为伊消得人憔悴"，试制组的成员，上到领导，下至工人都形体消瘦。李建新一下子瘦了五六斤。

两个多月后，两台轻型越野车出现在职工群众面前，外形威猛，驾驭性能良好。给车取个什么名字呢？有人提出"长丰""湘江"等名字，都觉得不太令人满意。当众人把目光一齐投向李建新时，他用手捋了捋多日没洗且有些蓬乱的头发，思索片刻，脱口而出："就叫'猎豹'吧，猎豹是世界上跑得最快的动物！""好，就叫'猎豹'！"在职工热烈的掌声中，"猎豹"，好一个个性鲜明的名字诞生了！这个烙有军工印记的自主品牌汽车，由此便降生于湘江之源，那个山高水长的地方。

请记住那个"猎豹"出击的日子，公元1986年11月16日。

那天早上，当首都北京的朝阳喷薄而出，露出圆圆的笑脸，把第一缕温暖的阳光洒在宽广的长安街时，满载着工厂全体职工希冀的两台猎豹牌越野汽车，同其他被检视的越野车一道驶过雄伟壮观的天安门广场，开进中央军委宽敞的办公大院。

誉满三湘的猎豹越野车

"猎豹"越野汽车成功了，广州军区后勤部发来贺电，七三一九工厂上下沸腾了。总后车船部下达了轻型越野车技术改造的任务，这意味着，工厂造车规模化的新时代就要到来。

如果说越野车试制开发是第一个千斤担，那么生产技术改造就如同第二个千斤担。汽车制造工艺复杂，白车身的冲压成形、附件的焊接、车身外面油漆以及发动机装配等，需要许多工艺、精度要求苛刻的设备工装，还要懂专业的工程技术人员。这对于一个六七百人的小厂来说，不啻一个巨大的困难。

工厂部分人员对于进行技术改造有一些争议，当时，工厂除了汽车产品，还有其他6个产品也是盈利的。有一些人认为，企业只能停产其他产品，才能有足够的物力、财力上马汽车制造项目；另一些人认为，汽车技术改造是个新事物，成功率有多大，说不清楚。面对不同的意见，李建新再一次坚持自己的观点。有人回忆，他当时伸出一只手说："大家看看，这是我的手掌，打向敌人是有力的。如果把五个手指握成拳头，再打向敌人，是不是拳头更有力呢？"他又接着说："新型越野车在国内刚刚起步，又有上级支持，一定有广阔的市场前景。"

为此，大家达成共识，要"为生命车，背水一战"。原本赚钱的"长丰旅行车"项目关闭了，原本赚钱的零部件项目停产了。

汽车技术改造项目，离不开资金、专业人才、设备，为解决这些困难，李建新同班子成员憋足劲儿，把好钢真正用在刀刃上。

首先是人才问题。当时企业整个员工队伍中，1/3的人员从事橡胶制品，1/5的人员从事军械修理，其余的从事汽车制造与修理等工作的不足500人。而且，当时科班出身的技术人员寥寥无几，有技术基础的机械工人仅20多人。在这样的状况下怎么办？工厂马不停蹄地外出招聘，组织专业培训。20多名车辆工程或相关专业的人才从湘潭大学、吉林大学等引进来了，100多名管理干部、技术工人分批选送到全国相关汽车厂进行学习与培训。

技改资金问题怎么办？工厂争取的军区上级的拨款，却不足整个工程投资额的1/3。剩下的，只能自己想办法。

总装车间生产线改造预算50万元，工厂人自己干起来了。总装车间里，昼夜起伏着敲打声、马达声及人员嘈杂声。为抢时间，技术改造与基建项目一同开展，平添不少热闹。在大家日夜奋战下，为期5个月的总装生产线改造任务两个多月就完成了，节约了30万元。就这样，凭着一不怕苦、二不怕累的精神，车辆烘烤车间改造、6个大型磷化处理槽项目也全部自力更生地建成了。

这时，一个故事在流传：一位姓陈的工人老师傅，50多岁，原来是部队的枪械修理工人，他对汽车制造有浓厚的兴趣，后来调整到制造"土猎豹"汽车的岗位，成为一名专业的模具技师。为了节省资金，他义务组织班上的员工钻研小型模具，分析图纸、数据对比，在简易的机床上试验，经过50多天的奋斗，成功创造了一种效率高、易操作的模具制造方法。用他的这种方法，可使汽车134套压成型的模具自行加工，再现了"智慧在民间"的神奇。

1988年"五一"劳动节，"猎豹"汽车的生产车间终于竣工。

按照现代汽车生产的标准，整个一万多平方米扩建后的厂房矗立在人们面前，包括车身冲压、焊装、磷化、喷漆、总装、内装饰，以及整车检测共7条汽车生产线，从样车到批量生产，仅用了9个月的时间，速度不可谓不快。也许，这就是李建新心目中的"猎豹"速度，为国内汽车工业同行所惊叹！

1988年6月，第一批猎豹车下线。

根据军委的安排，国家军车定型委员会的专家教授从全国各地汇聚在湘南小镇冷水滩，在猎豹越野汽车的技术鉴定会上，众专家从外观、性能、座椅等方面进行评审，大家一致认为，猎豹在同类产品中，具有独特的外观、良好的性能和完善的工艺，评审意见为："猎豹汽车在目前国产的同类车中处于领先地位。"一位来自国内著名高校的专家说了一句经典话："猎豹汽车进城不土，下乡不洋。"后来，"猎豹汽车进城不土，下乡不洋"，一度成为猎豹汽车的公关语言，被社会人士认同。

● 当年生产的"土猎豹"

质量是企业的生命，李建新高度重视评审会专家对于汽车改进质量的建议，如车身、装配等方面，他对猎豹汽车的生产提出了"上工艺、上质量、上水平"的目标，组织提升国产土猎豹车的质量，一共涉及30多项技术、工艺的改进，促进了汽车质量的有力提升，因此获得了市场的普遍认可，并获得了一系列荣誉。

1989年，猎豹汽车首次参加全国汽车质量行检，被评为"合格品"；1990年，猎豹汽车在全国汽车质量行检中，被评为"一等品"；1991年，猎豹汽车荣获湖南省优质产品与广州军区"优质产品"称号；1991年，全国轻型汽车"金盾杯"越野车选拔赛中，猎豹汽车一举夺得"四项金奖"；1992年至1995年，猎豹车连续四年在全国汽车行检中，被评为"一等品"。

短短几年里，猎豹汽车发展形成了三大系列48个品种，产品得到了军队、武警、公安、交通、邮电、矿山、银行、税务等部门的普遍欢迎，成为单位采购的公务用车。

20世纪90年代初，猎豹汽车已有40种型号的汽车产品，远销28个省区、市，正式列入中国汽车总公司的汽车生产厂家目录。

上级领导的关心和关注，以及产品的热销成为工厂改革与发展的动力。据统计，1995年，工厂的年度产值为1.2亿元，利税为2541万元，名列全国500家最大工业企业第157位，湖南工业经济活力200强第19位。工厂先后获得广州军区"生产经营先进单位"、广州军区"先进党委"、湖南省"先进企业"、湖南省"模范职工之家"等40多项省军级以上荣誉称号；李建新也荣获"全国五一劳动奖章""全国优秀经营管理者""湖南省劳动模范"等多项荣誉。"土猎豹"汽车的成功，引得鲜花扑面而来，赢得掌声雷动，好评如潮。七三一九工厂成为军工企业改制成功的一个典范。

工厂职工习惯把模仿的猎豹汽车称为"土猎豹"。客观上讲，"土猎豹"汽车模仿国外汽车工艺较粗糙，功能用途上，满足越野汽车的技术要求，符合国内用户的需要。工厂脱胎于军工企业，有深厚的机械制造基础，通过生产指定的越野车，拥有一条半自动化的流水生产线，在当时是国内比较先进的。在产品销路上，具有特殊的行业背景，依托军队，销售渠道广。在渠道为王的时代，地处偏僻山区的七三一九工厂从当初迅速向生产汽车转型，到后来又抓住了军队越野汽车需求的机遇，是一个了不起的成功。究其成功原因，应该包括对市场机会的迅速捕捉、敢于冒险的商业精神，上下一心、共同奋斗的军工企业文化，这些让企业能够攻坚克难，占得市场先机。

要想在市场经济中获益，不仅需要大胆的创意，更需要具备抓住市场机会并快速行动的能力。一个成功的企业家对市场机会具有一种天然的快捷捕捉能力。当许多军工企业还为生存问题，为寻求国家政策的庇护而四处奔波时，李建新已清晰地判断出市场经济将是无法逆转的时代潮流，果断地带领企业迅速从军品向民品转型。当他意识到汽车行业蕴藏的巨大市场将成为一个支柱产业时，又勇敢地向"汽车梦"进军。创业需要一种齐心协力、积极向上的企业文化，而七三一九工厂的军工文化显示出强大的正能量。从前文可以看到，企业的创业史上，职工群众大多是军队的退伍军人，其中许多人还是军队模范、战斗英雄，他们身上洋溢着一股艰苦奋斗、自力更生、敢打硬战的优良传统。这是一家三线军工企业崛起的重要文化基因。军队文化，是一种可以扭转乾坤的软实力。

引进洋技术，跃上越野车龙头宝座

纵观我国汽车发展历程，自主品牌汽车一直难以脱离"山寨"的影子，时至今日，一些自主品牌汽车也能看出模仿的痕迹。

猎豹汽车从诞生那天起，对美国克莱斯勒的切诺基（CHEROKEE）、日本三菱帕杰罗等国际品牌越野汽车一直是亦步亦趋。最早从"湘陵牌"越野车说起。那时开始有意仿制美式汽车。1987年，试制军用汽车时，通过深入分析军方的性能要求和图纸资料，确定借鉴日本三菱帕杰罗汽车的元素。细心观察，"土猎豹"外形跟三菱帕杰罗汽车十分相似，却有"形似，神不似"的遗憾。

为了缩短技术上的差距，工厂组织技术团队不断地"走出去"。几年间，工厂积极内联外引、取长补短，先后与长沙发动机厂、北京轮胎厂等国内20多家工厂建立了配套关系。还尝试与韩国双龙集团公司联合开发出"猎豹"CFA豪华轻型越野车，这些产品受到了用户的欢迎。同时，在出口创汇方面也进行尝试。1992年，工厂先后有两批"猎豹"车销售到南美洲的秘鲁、北美洲的冈比亚等国家，实现了我国国产化硬顶壳吉普车出口零的突破，大大激发了职工造好民族汽车、产业报国的壮志豪情。

市场总是动态变化的。

20世纪90年代中期，国家对汽车产业发展出台了新的政策，《汽车工业产业政策》于1994年出台，对国内汽车的发展进行规范。汽车进口也开始松绑，人们的消费意识逐渐觉醒，对汽车产品性能的要求越来越高。汽车极其短缺的时代即将过去，呼唤新的汽车时代的到来。这时，工厂的主导产品猎豹CJY6420A轻型越野汽车的销售形势发生变化，微笑曲线开始下拐。"土猎豹"汽车与国外汽车相比，除存在外形、工艺、驾驭舒适感等不足外，一些小故障也让用户体验感下降。

猎豹汽车又将面临新的考验。

有人总结企业家成功的经验时，认为除个人秉性、能力等因素外，还有一些神秘的因素——"运气"。的确，这时，七三一九工厂撞上了大运。

为加快推进现代企业建设步伐，中央军委颁发文件，要求全军企业中选择优秀企业作为试点单位。七三一九工厂是原广州军区的明星企业，顺理成章地被列入全军改制的试点企业，成为当时全军22家建立现代企业制度的试点单位之一。

市场直觉告诉李建新：工厂改制将给企业极大松绑，该是甩开膀子干事业的时候了！

当时，出国考察学习是非常宝贵的，军队企业的大平台给予了李建新机会。在军队系统的背景下，李建新有幸随着军队或行业组织的考察团，先后到美国、德国、韩国等参观访问，学习国外先进的汽车制造技术和管理经验。在开阔视野的同时，也让他对自己管理的企业有更深入的思考，如战略、产品升级换代等问题。

机会总是垂青有准备的人。

1994年10月，李建新在香港招商引资的活动中，结识了一批外商，其中有日本三菱汽车的高管人员。天生的直觉告诉他，机会来了。他找机会向三菱汽车高管人员介绍自己和自己的企业。通过各种渠道，多次发出邀请，希望他们能到七三一九工厂参观，进行合作发展。李建新亲赴日本多次，诚挚邀请三菱汽车来华考察工厂。

精诚所至，金石为开。在李建新多次真诚的邀请下，1995年初，当中国处于冰天雪地的严寒季节时，日本自动车工业株式会社（三菱汽车公司）的京田部长欣然应邀来华，直奔七三一九工厂。京田部长一下车，看见一条玉带般的小河绕工厂而过，厂房排列齐整，厂区道路干干净净，和煦的阳光照着工厂的牌匾："中国人民解放军第七三一九工厂"，隶书字体显得别样遒劲。他们一行走入车间，机床在轰鸣，工人正在削着锥形的零件，好像是方向盘转向器的部件。透过窗外，看出林荫道上摆放着一台台崭新的猎豹汽车，如同一个个威武的士兵。京田部长对眼里的一切感到惊讶，他不敢相信，交通闭塞的山区工厂竟然有如此良好的管理，超乎他的预想，合作的第一良好印象由此产生。

为尽快促进合作，在军区的支持下，出访日本三菱汽车的高规格代表团组成，有机械工业部、中国建设银行、湖南省政府、七三一九工厂等部门人员，由李建新率代表团前往三菱公司。先后经过5轮的艰苦谈判，三菱公司被李建新的真诚打动了，他们信服面前这个身高一米七五、身材单薄的中国人，非常爽快地答应合作，同意转让专利技术。据说，七三一九工厂进入现代企业制度改革试点单位，也是三菱公司愿意合作的原因之一。

企业郑重其事地记下那个日子。

1995年12月25日，七三一九工厂与日本三菱汽车公司在湖南长沙签订了《技术转让及生产许可证合同》《技术资料及设备供应合同》《技术转让合同基本条款》等9个协议。李建新代表工厂与日方代表本宏分别签字。协议合同规定：由三菱公司向工厂转让其帕杰罗轻型越野车的专利和专有技术，以及部分关键零部件的生产技术。

为什么知名的国际汽车公司会向巍峨大山深处的小企业伸

出友好之手？工厂的军队背景应该是三菱汽车天平倾斜的重要原因，这也与三菱公司本身相关，因为日本三菱一直与日本军方有千丝万缕的联系。从这方面来说，七三一九工厂与三菱公司是相似的，都是为自己所在国家的军方服务，它们身上都呈现一种复杂而神秘的色彩。

在外界的惊诧中，七三一九工厂非常顺利地引进了国际一流的先进技术，站在一个高起点上，具备了大施拳脚、腾挪进攻的实力，属于猎豹的时代即将到来。

七三一九工厂与三菱汽车的技术转让合同签订后，接下来的技术改造仍是一个紧迫而复杂的问题。当时，广州军区把这次合作引进的项目命名为"猎豹（三菱）技改工程"，计划分两期完成，第一期总投入2.59亿元，第二期总投资2.3亿元，共计人民币近5亿元。

5亿元人民币，这在当时是一个巨大的数字。技改的资金从哪里来？这次技改不是军队指定的，没有系统的财政拨付，资金如何筹集？工厂从三个方面想办法：外部支援、内部支持和广延人才。

外援方面：由于军队将逐步退出市场经济领域，专注于国防建设，军队专项资金很难争取。于是，工厂将目光转向地方政府，幸运的是项目得到了湖南省政府的支持。通过南下北上，积极争取，工厂制造民族汽车的雄心和诚心打动了上级领导，最终让项目进入国家的财政"笼子"，猎豹（三菱）技改项目获得了省政府的重点支持，成为当地汽车工业发展的重点项目，并且被列入"九五"计划。

内部方面：企业充分发挥思想政治工作的正能量，以"内部集资"的做法缓解资金的巨大压力。七三一九工厂由于一直实施半军事化管理，有着浓厚的思想政治工作氛围。当工厂党委发出号召，"购买内部股份"，支持工厂技术改造时，党政工团齐心协力，众人拾柴火焰高，干部职工都愿意集资，一些退休职工也主动解囊，支持工厂建设。当时集资分成不同的标准，普通员工5000元/人，中层干部10000元/人，厂级领导50000元/人，多则不限。员工们踊跃集资，迅速筹得上千万元资金，大大缓解了项目的燃眉之急。为不触及集资款的法律红线，工厂专门成立了一个工会社团法人，管理此笔资金。"购买内部股份"这种筹资方式在一些企业也被运用过，可能谈不上创新，但是，工厂能做到100%参与真不简单。在这次集资活动中，工厂职工的企业忠诚度一目了然，思想政治工作的重要作用由此可见。

人才方面：这一次项目不同于1987年工厂的技术改造，它合作的对象是国际汽车巨头，所以必须有一定高素质的专家才能担当重任。

这次，上天又一次垂青了工厂，业界的朋友向李建新推荐了一位人才，名为檀俊贤，是一名中青年技术专家，曾参与福建东南汽车的技术工作，有与日本三菱公司谈判的经验。不久，又有人向李建新推荐了一个中年人，名为胡惠纯，是一汽集团的高级工程师，具有丰富的技术改造经验。在李建新的极力邀请下，以上两位人才皆加盟了七三一九工厂，愿意为猎豹汽车竭尽全力。于是，由李建新担任总指挥，胡惠纯为副总指挥，檀俊贤为技术负责人的班子组成，抽调精兵强将筹备技改土建、设备和技术引进等工作。

"人""财""物"兼备，使技术改造项目在预期中顺利推进，檀俊贤和胡惠纯两位人才的到来发挥了关键作用，他俩的工作作风严谨务实，配合默契，加上项目中重要工作基本上由李建新亲自督战，使技术改造工程期限大大提前。不仅时间缩短了1/3，使用的资金也大为减缩，仅花费了3亿多元，比预算减少了35%以上。这在当时汽车业界也是罕见的。

在人们的惊叹中，冲压、涂装、焊装、总装四条生产线投产了，年产1万台整车生产能力形成了，尤其全套车身模具冲压生产线和焊装生产线，分别由日本迪龙公司、中国台湾联成公司等知名企业承建，具备了电脑全天候监控等高智能化的科技元素，让同行刮目相看。

改革，为企业改制注入活力。按照《中华人民共和国公司法》规定和主管部门的要求，1996年，七三一九工厂进行全面改制，按照国有独资企业确立新三会的构架（股东会、董事会、监事会），选出了经理层，厂名也更改为"长丰（集团）有限责任公司"。李建新任董事长、党委书记，潘惠强任集团公司总经理、党委副书记。同年，长丰集团以企业的优良资产入股，引进了日本三菱汽车公司、湖南新华联集团、湖南省担保公司等为股东，共同发起成立了"湖南长丰汽车制造股份有限公司"（以下简称"长丰汽车公司"），专门从事整车制造业务，这使企业与三菱汽车的合作关系更加密切。

长丰汽车公司成立后，长丰集团与三菱汽车签署了派遣人员协议书，三菱公司向长丰汽车公司派驻了包括常务副总经理和质量副总经理等4名高管、8名中层管理人员以及几名技术人员，共20余名。长丰汽车不断完善制造工艺、作业指导书，包括产品出厂检验标准也是严格根据三菱汽车公司的指导文件修订而成的，这样不断提升质检的水准。在汽车制造中，车身的焊接和油漆技术非常关键。在三菱汽车的支持下，工厂的焊接编程器、电极压力检测器及电流检测器均从国外引进，在焊接车间设置了三套点焊群控系统，对所有的点焊机均实行了中心监控。在涂装车间，新的厂房采用双层结构，在喷漆室的设备上特别采用阴极电泳底漆，使车身的防腐能力大大提高，并确保车身漆膜表面的清洁度。发动机引进沈阳航天三菱的4G63发动机，使产品尾气排放达到了欧洲Ⅱ号标准，确保产品接近三菱帕杰罗轻型越野车的先进标准。

高品质的产品也迅速赢得社会的认可，在公安、警察系统获得了良好的口碑和信誉。

1997年7月15日，国务院批准，国家计委、国家经贸委、机械部、内贸部、公安部、国家环保局联合发布《汽车报废标准》并开始实施。三菱轻型越野车被列入国家汽车产品目录，获得全国销售权。同年，该企业取得自营进出口权。

猎豹汽车中的一款CJY6421A型号的轻型越野车，被国家主管部门鉴定达到20世纪90年代先进水平，填补了国家0.75T级轻型越野车的生产空白，被列为军队汽车工业"九五"期间的重点发展项目，同时被列为军队装备的指挥用车之一。

值得一提的是，2001年，国内突发了轰动全国的三菱帕杰罗汽车制动油管磨损漏油致刹车失灵新闻事件，三菱汽车被公开投诉，让其陷入官司的无穷烦恼。猎豹汽车与帕杰罗为同一平台，但提前考虑我国路况、超载等实际，做了适应性改进，避免了安全风险，赢得"安全皮实"的美誉，悄然避开了看似来势汹汹的负面新闻事件。

差异化战略，拥有细分市场的短暂辉煌

正如张瑞敏所言，站在巨人肩膀上，目之所及更加遥远。猎豹汽车站在了一个"巨人"的肩膀上，目光投向更广阔的远方。

品质，决定产品的高度；品牌，决定产品的影响力。长丰集团在引入外来先进的技术中，按照三菱汽车标准生产，使猎豹汽车从外形到内饰，从动力到性能都跃升一个高平台，加上日本三菱帕杰罗早已是誉满全球的达喀尔拉力赛总冠军，品牌溢价性高，产品一投放到市场，马上赢得广大用户的青睐，产品供不应求，从潇湘之滨一路扩散，走向全国。

长丰集团由军工向汽车制造转型，历经曲折的过程和考验，10余年才能在行业立有一席之地。最早追溯到1985年的简单模仿，在一穷二白的基础上艰难起步。1986年，组织研制总后车船部指定的轻型越野车，由于缺乏核心技术和先进的制造能力，一直没有实质性的突破。十年后，通过引进三菱汽车帕杰罗技术，让原有"土猎豹"真正实现了脱胎换骨，完成了由"土"向"洋"的华丽转身，产品供不应求，企业生产经营突飞猛进，经济指标一路飙升。

1996年至2002年，公司的总资产、销售收入、利税总额、税后利润和全员劳动生产率分别同比增加41.17%、101.76%、73.4%、78.35%、106.26%。

2000年至2002年，猎豹汽车连续三年高居中国轻型越野汽车生产、销售的榜首，占据了国内细分市场的35%以上，毫无争议地登上了龙头老大的宝座，成为SUV市场的一匹黑马。

2002年，公司销售猎豹汽车1.54万辆，同比增长50%，在越野车细分市场占比近40%。

2003年，公司销售"猎豹"系列越野汽车29615辆，比2002年增长95%。公司越野汽车产品市场占有率在20%左右（含SUV），在日益激烈的市场竞争中，继续居于业内前列。

回顾长丰集团的"发家史"，不难发现，1997年，从它引进国外先进的技术平台产品下线，四年后，工厂就迅速超过当时我国越野汽车的标杆企业北京吉普，大大超出业界的预期。因为七三一九工厂只是一个名不见经传的三线小厂，这么短时间就超越了一个知名度高、领跑行业的中美合资企业，过程充满了神秘色彩。

当时，蕴藏巨大空间的汽车市场，一个适销对路的产品就可以攻城略地，所向披靡。当然，这仅是当时的竞争环境、市场现状、产品短缺等因素造成的市场奇迹，就如当年广东的爱多公司，抓住了VCD适应中国盗版光碟泛滥的市场机会，也在特殊的市场环境基础上"造势聚气"，迅速成为行业的老大。

显然，这种成功的方式是无法复制的。

细数我国SUV自主品牌厂商阵营，出身军方的没有几家。长丰集团诞生于军方襁褓，一直与军队方面有非常深厚的渊源，"军队的背景+卓越的产品"让它一度风光无限。

1997年7月21日，美丽的紫荆花绽放，美丽的东方之珠香港，历经沧桑，终于回归祖国，世界为之注目，举国为之欢腾，这也成为中国强大、走向世界舞台的重要起点。

在转播的电视屏幕中，中国驻港部队开拔香港，迷彩色的越野敞篷指挥车前头开路，后面是一排排整齐的人民子弟兵战士，身着醒目的军绿色，英姿飒爽地走在这个美丽的小岛上。细心的媒体记者发现，军方进驻香港的第一车不是什么大品牌，而是来自长丰集团的猎豹汽车，猎豹汽车的商标赫然入目，金鱼似的眼睛，幻化成"CF"——长丰集团的第一个开头字母缩写。汽车车轮驶过之处，便是一片掌声雷鸣，正如一些媒体所言，猎豹汽车"扬了军威，壮了国威"，成为当时的新闻焦点。

两年后，1999年12月，澳门回归祖国，五星红旗和八一军旗在澳门岛上空高高飘扬，猎豹汽车再次成为军方进驻澳门的第一车，展示了我军威武文明之师的现代风采。猎豹汽车，作为民族品牌，其魅力与价值又一次凸显出来。2000年，进驻澳门的第一车由长丰集团赠给中国军事博物馆收藏，成为澳门回归祖国的见证和国防建设装备的新成就。

汽车产业的快速发展固然离不开许多综合性因素。当时，在促进汽车产业繁荣的进程中，一些专家普遍钟情资源丰富、工业基础雄厚的大企业，看好"以市场换技术"的合资企业。猎豹汽车崛起于山野之间，似乎有悖于主流。长丰集团引进外来技术，但不依赖外来技术，而是坚持消化吸收和再创新，它得到市场的认同，猎豹汽车遍布大江南北，真正在国内的轻型越野汽车市场"负手而立"。

至此，"土猎豹"完成向"洋猎豹"的蜕变，以让外界惊艳的蝶变方式，开创了属于它的新纪元。

技术人才，打造自主品牌背后的故事

三菱公司的帕杰罗汽车是猎豹汽车重要的技术源头。

三菱公司，为日本第5大汽车制造商，全球第15大汽车制造商，成立于1970年，由三菱重工业公司和美国克莱斯勒公司共同出资，成立了三菱汽车工业股份有限公司，总部位于日本东京，属于三菱集团的核心企业之一。三菱汽车主销欧美的车型主要有：Eclipse（艾力绅）、Outlander（欧蓝德）、Pajero（帕杰罗）等，其中帕杰罗越野家族系列产品以刚性的外观、优越的性能和独特的技术，领先于同行。

从帕杰罗的历史来看，1982年，第一代量产型帕杰罗面世，有短轴两门硬顶和软顶两种车型。1983年，帕杰罗参加第五届巴黎—达喀尔汽车拉力赛取得了优异的成绩，从此这个品牌一炮打响，享誉全球。帕杰罗家族衍生出L系列、V系列等三个系列，派生出帕杰罗越野车V系列、SUV运动车系列帕杰罗SPORT、小型SUV运动休闲车系列帕杰罗iO和微型SUV运动休闲车系列帕杰罗MINI，共四大类车型。

20世纪90年代，我国内陆对日本三菱帕杰罗汽车普遍熟悉，当时国内的帕杰罗汽车来源有三：第一部分是广东一些企业组装生产，广东湛江三星公司、广州云豹公司等企业进行CKD组装生产的，后因为政策不再生产；第二部分是进口帕杰罗车；第三部分是猎豹汽车，是在帕杰罗平台上经过适应性改造的国产化产品。

长丰集团是国内最早引进三菱汽车帕杰罗平台技术的厂家之一，引进之初，体现较高的战略眼光，注重对外来技术的消化、吸收与创新，在帕杰罗平台上进行国产化开发，吸收了帕杰罗V系列的第二代产品V31和V33的技术营养，创新了工艺标准，进行局部的技术创新，陆续研发和生产出猎豹黑金刚、猎豹奇兵、猎豹飞腾等5个车型，填补了国内自主生产越野车排量2.0L及以下轻型越野汽车的市场空白。在这个过程中，长丰集团的引进吸收与创新历程触及"以市场换技术"的痛点。人们常看到这样一个事实：合资企业引进一辆新车，几个月的时间就上市，凭借品质和品牌优势，获得巨大利润，表现出强烈的经济效益导向，而对技术提升、技术创新关注不多。从这个视角来讲，长丰集团走的是一条有别于常规的路。这一点，正如一篇媒体文章写道："长丰集团采用洋为中用的策略，在引进中嫁接，在嫁接中转换，在转化中创新，使土猎豹的制造工艺与三菱的先进技术完美结合，使猎豹汽车的技术水平在原基础上跨越了十年，迅速跃上国际先进的技术平台。"

猎豹汽车制造水平的跃升，离不开强有力的零件国产化工作，这是企业以此锻炼工程技术人员能力的重要一招。

1994年，我国颁布了《汽车工业产业政策》，对合资企业及引进外来技术的企业进行了明确要求。《汽车工业产业政策》要求，国产化的汽车零部件为轿车类型，并规定了轿车生产的国产化率是40%。如果低于此标准，国家将按构成整车特征的标准征收高额进口关税。无疑，《汽车工业产业政策》旨在促进我国的民族汽车增加自我造血能力，一定程度上则是对"以市场换技术"偏向的纠正。但其实施，仍需要合资企业的积极配合和国家的有力督导才可能实现。例如，上海大众桑塔纳汽车的国产化工作，足足用了7年时间，才完成100%的国产化。

很明显，《汽车工业产业政策》只规定了轿车的国产化率，长丰集团得益于上海桑塔纳国产化的启发，合资之初便在企业内设置国产化科室，专门从事产品的国产化工作。从帕杰罗V31车型开始，技术人员对车身、制动系统、转向系统、前后桥、副车架等部件和总成进行分拆、分析，着手国产化的前期准备工作。最初，猎豹汽车零部件国产化工作遇到三菱汽车的阻挠，但长丰集团坚持用"两条腿"走路不退缩。一方面，企业与合作方反复沟通，在技术基础上做准备；另一方面，长丰集团争取广州军区后勤部、湖南省经贸委的支持，选送技术人员到高校学习或深造，包括组织多批技术骨干到湖南大学、湖南经济干部管理学院（中南林业科技大学）等高校学习，甚至到国外高校深造，以此培养和储备技术人才。

2003年，当国产化工作取得一些进展时，根据市场需求，企业要求在帕杰罗V33车型底盘基础上开发出一款中档越野车，用户对象是山区的建筑、工矿老板。企业研发团队通过对帕杰罗车身、前脸等国产化及局部变更，外观基本不变，研制推出了一款代号为CJY6470G的新车型，价格由原来的25万元降为17万元左右，当年该车销售近8000台，为猎豹汽车市场占有率的攀升立下汗马功劳。

猎豹汽车的国产化工作带来了企业技术水平的提升，但由于多头并进，缺乏系统性的平台化思维，在实践中出现了"多头管理"的现象。在整车零部件采购渠道没有系统梳理、规范的条件下，为了占领市场，匆匆地大规模开发新的零部件，不断引入新的供应商，没有组建一个以核心产品为中心的战略联盟性的供应链，为企业以后新产品开发的失败埋下了祸根。尤其对于整车的一些非关键零部件的开发，被三菱汽车忽视，犯了激进主义错误，在沙发座椅、玻璃胶条、电动升降器、保险杠等部件的供应中，质量标准不够严格，没有设立供应商准入门槛的红线。这些看似不重要的小零件，最终，在后续的新产品开发中因为质量问题而被放大，产生了"蝴蝶效应"。

高度重视国产化，体现出企业的国际化眼光。2005年，《构成整车特征的汽车零部件进口管理办法》出台，文件约束的范围不再区分轿车、越野车，包括了乘用车和商用车。《构成整车特征的汽车零部件进口管理办法》规定进口半散件和全散件组装汽车的零部件构成整车特征。这时，长丰集团已在国产化方面积累了丰富的经验，应对没有什么难度，实施起来也轻车熟路。长丰集团从零部件国产化工作入手，从中汲取技术营养，快速地培养了一批技术人才，并快速提高了新车型研发、排放升级、底盘优化等关键技术，及时开发出一系列产品，成为国内中高档越野汽车市场的佼佼者。

坚持国产化工作，让长丰集团锻炼出一批技术人才，提升了研发能力，增强了打造民族汽车的雄心。与此同时，企业在管理、质量、生产、物流和供应等方面不断进步，提升了管理水平，有效控制了成本，增强了竞争实力。2001年，猎豹汽车的国产化率达90%以上，一些车型达到了100%。因自身技术力量的增强，长丰集团在与日本三菱公司合作时的话语权也与日俱增，三菱公司派驻长丰集团的技术专家、质量专家逐渐减少。

贺四清是长丰集团的一位知名度较高的技术人才。他于1965年出生，1988年毕业于湘潭大学机械工程系，作为专业人才被引进。作为"土猎豹"时期的储备人才，他以过硬的技术功底和扎实的工作作风，崭露其独特的技术潜能。

1995年，企业引进三菱汽车帕杰罗技术，贺四清作为年轻的技术苗子受到重视，1997年起出任企业国产化科室的主要负责人，先后五年在"国产化"工作中付出了心血与汗水，成绩也是显著的。在贺四清的努力下，国产化成为推动猎豹汽车快速奔跑的秘密武器。

1999年，贺四清前往日本东京某技术中心深造一年，回国后出任长丰汽车公司总装部部长、办公室主任等职位，锻炼了生产组织、运营决策、投融资管理等能力。2003年，贺四清调任长丰集团研发中心副主任（主任由李建新兼任），锻炼了产品研发与项目建设的能力。以上，我们可以看出企业对贺四清的重视，显示出把其作为企业接班人培养的迹象。

精通国产化技术的人才，并不等于具备组织研发能力。贺四清调任长丰集团研发中心副主任，负责三菱汽车IO车的国产化及车型改进工作时，便暴露出组织研发能力上的短板。针对当时国内城市SUV尚为空白的现状，长丰集团要把刚引进来的三菱汽车IO车改为中国版的城市SUV，并赋予一个寓意美好的名字——猎豹飞腾，欲把其打造成我国第一款都市家庭SUV汽车。按计划，在一年内把三菱汽车IO车通过局部改型，对动力系统、电器系统等适应性改造，国产化率90%以上。贺四清出任研发中心副主任后，兼任此项目的总指挥。然而，在具体实施中，贺四清遇到了研发设计、工程试验与零部件国产化等错综复杂的并行工程，这是一项比较浩大而系统性的研发工作。作为李建新寄予厚望的贺四清未能谱写"国产化扫荡一切的神话"，最后就是李建新亲自操刀，也无法扭转猎豹飞腾车零部件供应商"弱、散、乱"、质量问题频发的失控局面。从另一个角度来讲，企业从帕杰罗V31/V33的局部国产化，切换到"帕杰罗V3IO"的几乎"国产化"，本身是巨大的飞跃，加上时间仓促、缺乏有实力的供应商队伍支撑等原因，这场国产化神话破灭也在预料之中。

事实上，新车国产化项目的匆匆上马，使最终面市的"猎豹飞腾"存在先天的缺陷：原装三菱汽车IO车的轴距尺寸短、舱内面积小等不足没有改进，国产化后的汽车内设工艺精度差，自动玻璃升降器失灵，等等，让曾一度信心满满的猎豹飞腾车一而再、再而三推迟上市，也成为不尊重消费者的表现，极大地影响了猎豹的品牌形象，让企业信誉大打折扣。

猎豹飞腾国产化的失败，让贺四清苦恼不已，也意识到国产化的系统性问题。2006年，在长丰集团引进三菱汽车帕杰罗V73、帕杰罗V77产品时，为了规避产品构成进口整车特征而缴纳高额关税，贺四清负责该车型的国产化工作。在他的组织下，此车国产化在不到一年的时间里，便把国产化率提高到50%，规避了高关税的风险，取得了显著的成绩。

2009年，广汽集团重组长丰汽车时，贺四清一直担任研发中心主任，还曾任长丰集团旗下的核心零部件子公司——衡阳风顺车桥有限公司总经理等职务。

在猎豹汽车声名鹊起时，长丰集团曾引进一大批汽车专业人才，唐平就是其中一位。

1960年出生的他，个头不高，形体敦实，长期的脑力劳动让他的头顶只剩下稀疏的头发。他对汽车有一股狂热的痴迷劲头，曾在述职报告中写道："今生今世，孜孜以求，为打造民族的SUV而奋斗终生。"

2004年，唐平根据市场的反映和个人的分析，认为市场上10万元价位以下的SUV车短缺，而且这一价格也是猎豹汽车车型中的空档，于是他提出了"普通型SUV（CFA6473）车立项报告"，并很快得到企业领导的认可，企业领导委派他主持开发此车。

猎豹CFA6473车型，是长丰集团第一款完全拥有自主知识产权的全国产化车型，也是一个具有战略意义的新车型。在唐平的主持下，该车型从立项到批量生产、上市，仅用了16个月的时间，成为企业探索自主品牌发展的一个里程碑。该款车投放市场后，以低价位、高配置、高性能的优势占据了低端SUV市场。一年多里，该车在市场便售出1万台，完成产值近10亿元，成为长丰集团新的利润增长点，与此同时，CFA6473车型研发中探索出来的经验更为长丰集团在以后的产品开发中的控制成本方面提供了新思路，并直接带动Q-CAR平台系列车采购成本下降15%等显著效益。由此，唐平组织开发的CFA6473获湖南省科技进步三等奖，唐平个人也荣获"湖南省技术创新先进个人""湖南省机械（汽车）工业十佳技术创新标兵""全国机械工业劳动模范"等一系列荣誉称号。

2009年，广汽集团重组长丰汽车后，唐平任企业长沙研发中心首席工程师。2012年任长丰集团猎豹汽车研究院的Q-CAR平台总师，总工程师。

猎豹汽车在国产化方面频频发力时，同时推动汽车产品环保升级，树立了行业的标杆地位。

1999年末，国家机械工业局和技术监督局发布了一项关于汽车生产的环保政策，规定汽车从2001年1月1日起，发动机排放必须达到欧洲Ⅰ号标准，2004年必须达到欧洲Ⅱ号标准。当时，长丰集团的主打产品为CJY6421D型越野车，该车的发动机为化油器装置，即使经过技术改进，也难以达到欧洲Ⅰ号标准。经研究，可靠的途径是将化油器改为电喷。

当时，企业面临两种选择，第一种方案是使产品排放达到欧洲Ⅰ号标准，这投资少，改造周期短，但会在2004年面临淘汰。第二种方案是使产品排放达到欧洲Ⅱ号标准，一步到位。为了尽快完成项目，公司组织人员走访了国内外众多发动机生产厂商，经过多方比较选择，与沈阳航天汽车发动机公司签订了协议，承担猎豹高档车发动机技改项目。但在进行整车匹配及相关试验时，三菱汽车不太积极，因为当时距2001年实施还有一年多，国家具体实施日期尚不确定，最重要的是升级会减少三菱汽车进口部件数量。在李建新及其团队多次沟通下，最终达成一致。

2000年，企业环保型轻型越野车改造项目正式启动，四个多月后，第一批达到欧洲Ⅱ号标准的环保轻型越野车试制成功，这批车辆装置了多点燃油喷射发动机和三元催化剂装置，燃油更充分，油压更节省，排放达到了欧洲Ⅱ号标准，拿到了通往国际市场的通行证，给公司带来了良好的经济效益和社会效益。

2001年，企业在CJY6421D型基础上引进和开发出V6-3000型车，装备了双安全气囊、防滑差速器、超级四轮驱动、电子控制ABS等，配备高新技术的产品引起了军方的兴趣，很快入选为我军师级以上指挥官的作战指挥车。

第四章 执着自主品牌 国际化推动战略搁浅

> 战略管理不是一个魔术盒,也不只是一套技术。战略管理是分析式思维,是对资源的有效配置。计划不只是一堆数字。战略管理中最为重要的问题是根本不能被数量化。
>
> ——现代管理学之父:彼得·德鲁克〔美〕

巅峰时期,开启国际化推动战略

21世纪初,猎豹汽车领跑越野车细分市场,无可争议地独占鳌头,把北京吉普、中兴汽车等行业大哥甩在后面,成为一匹公认的黑马,引起了业界的广泛关注。2003年,长丰集团的"以专制胜"战略获得全国"企业管理创新奖"殊荣。同年，李建新在百年学堂清华大学报告厅里向莘莘学子讲述猎豹汽车的传奇故事，传播他的管理之道。当年，他顺利地当选中国汽车协会副会长。

什么是"以专制胜"战略？长丰集团官方对"以专制胜"战略这样描述：以国家的方针政策为依据，以改革创新为动力，以快速、勇猛、准确的猎豹理念为指导，应用现代管理理论与方法，避开竞争中的强势企业，抓住市场中前瞻性产品需求，采用"避强击隙，借名创牌，聚优提炼，以专制胜"的路径与方式，把产品定位在做精做专高档猎豹越野汽车系列上，分"引进改造、发展创新"两步走，建立自己的专业产品、专业市场、专业技术和专业营销渠道，并集聚企业相关资源，形成强大的竞争能力。

"以专制胜"战略突出"专"上，这与今天的"专精特新"不谋而合。当年，长丰集团一直专注"越野汽车"核心业务，当企业成功引进三菱汽车的帕杰罗技术时，恰恰应对了国内日益上升的高档消费品的内在需求，适应了我国山区的地理环境，正如在一些媒体文章里写到，长丰集团1986年研制生产出了CJY6420A"猎豹"牌轻型越野汽车，很快成了市场"抢手货"。但因动力、电器等系统水平不高，在外来进口越野车的挤压下，市场出现萎缩。李建新审时度势，决定不断升级，于是便有了后来与日本三菱公司的牵手姻缘，在对引进技术的消化吸收基础上，提升产品的专业化技术水平，出奇制胜地干出了国内轻型越野汽车第一。

从以上叙述中可以看出，长丰集团的经营管理不是从战略层面切入，而是从战术层面运作，技术引进、消化吸收、改造与创新。李建新及其团队凭借对市场敏锐的嗅觉，用一种冒险精神去试去闯，一路摸索向前，闯入被行业忽略、刚性需求强的越野车市场。

事实上，由于有军队不办企业的政策规定，军队企业无一不是自己找米下锅，解决生存问题。长丰集团地处幽僻山区，无任何区域优势，传统业务是军械汽车修理，是一个规模小的三线保障企业，外部资源极其有限，显然比一般的企业更具危机感，谋求发展的渴求非常强烈。只要有市场机会，企业一定努力抓住。不论当初研制军用轻型越野车，或是主动找日本三菱汽车合作，还是集资筹款支持技术改造，均不排除以上潜在的思想动因。可以推测，当时长丰集团管理层，包括李建新很少从战略层面去思考越野车市场的前景，谁也没有想到十多年后的中国拥有容量巨大的SUV市场。

我国加入世贸组织后，按照《服务贸易总协定》的基本原则，汽车进口关税逐年下降。在经济全球化的趋势下，实力雄厚的汽车跨国公司纷纷抢滩中国市场，对国内汽车厂商造成严峻的压力。此时，长丰集团已是行业的领跑者。

当"以专制胜"战略获得众人喝彩时，经营的成果让长丰集团领导班子信心十足，对企业未来充满了无比豪情。李建新作为主要负责人，一些大胆而激进的想法闪过他的头脑，战略转型，向国际化进军。在他的过往经验里，只要有好的产品、渠道和外部资源，成功如探囊取物。

一段时间里，李建新先后到北京、上海等地请教知名学府学者、汽车业界大佬，让这些知名人士帮助长丰集团研究探讨未来的战略发展课题。

2002年12月，集团总部仍在永州的偏僻山区。12月18日，集团的年度工作会议上，李建新第一次抛出"国际化推动战略"，令与会人员惊异。一些干部还陶醉在行业老大的荣耀中，还没有来得及向前看。对于汽车行业来说，国际化战略的确是一个崭新的命题。李建新在会上没有深入诠释何为国际化，以及如何转型等问题也没有过多地展开。集团的干部对企业掌门人的天才构想，或许认为是一个"发展课题"而已。

国际化是一个宏大课题。回顾当时我国汽车业的"四大四小"集团，无一不是先在规模上做大，才从国际化（包括国际合作、国际经营、国外经销）进行突破。从这点来看，李建新有高超的市场嗅觉与判断力，当然他对企业的规模、人才等现状也是胸中有数的。

2000年前后，国内一些大学的MBA培训比较风靡，出于战略规划的需要，长丰集团设立"战略规划处"以专门负责"十五"战略规划工作。时任投资规划处处长刘春生，一名"50后"的老长丰人，在全集团选调了两名优秀的年轻大学生，一个是财务专业，另一个是企业管理专业。他们3人组成一个团队，在外部咨询机构的指导下，开展企业内部资源和外部经营环境调研分析，对汽车行业现状、未来发展趋势进行周密研究，形成长丰集团"十五"战略规划方案初稿，特别邀请清华大学、同济大学等高校的知名专家对方案进行评审，几经易稿，最后，企业"国际化战略"方案基本定型。

2002年12月，湖南永州还处在严冬时节，窗外寒风呼啸，长丰集团总部办公楼却似乎充满着浓浓的喜悦氛围。集团2003年工作会议在这里召开，集团及子分公司党政负责人、机关部室负责人全部参会，依次汇报年度生产经营情况。会议最后，由李建新代表班子进行总结发言，一次关乎企业命运的重要讲话由此而出。李建新习惯性地清了清嗓子，厚厚的眼镜片后透出他那精明的眼神，他说道："刚才，各单位都汇报了今年的工作总结和明年的工作计划，好像都比较不错，明年会更好。其实，这中间还有许多变数。按照我国的产业政策，整车厂如果产销规模小，就可能沦为被兼并重组的对象。"他以美国汽车工业发展史为佐证，当年美国也是几百家汽车厂，最后通过兼并重组，只剩下通用、福特、克莱斯勒三家大企业和几家小企业。

李建新继续说："猎豹汽车如果要摆脱被吞并的命运，只有牢牢抓住我国加入WTO的机遇，必须实施国际化推动战略，做强做大，努力提高自主开发能力，包括建设研发中心、试验场地，形成一个集SUV、轿车及特种车等系列产品为一体的产品格局，在'十一五'期末把猎豹汽车打造成知名的国际品牌。"

在他的几十分钟的发言中，透出三个关键信息：一是规模化是汽车制造商实力的一个关键指标，猎豹汽车属于小规模化制造；二是长丰集团不能只生产越野汽车，必须突破产品单一的现状；三是实施"国际化推动战略"，打造猎豹这个民族品牌。

李建新那浑厚的声音传递到会议室每个角落，大家都静静地听着。新奇的观点，宏大的理想，让大家激动，也似乎还有点迷惘。

据一些高管回忆，国际化推动战略是以集团的"十五"战略规划面目出台的，在企业规划中勾勒出未来的发展蓝图。战略规划发布后，企业没有及时组织深入宣传与解读，没有形成战略实施计划，以及文化、人力资源等方面配套措施。耐人寻味的是，李建新个人在公开场合多次提出"国际化推动战略"，而时任集团公司总经理、长丰汽车总经理等高管很少提及，这种不合拍行为，多少反映出一些管理上的问题。国际化推动战略在出台时便存在内部沟通不畅、共识不一等现象，固然有战略偏大的顶层设计问题，也反映出少部分管理层趋于保守、不愿拓新的思想。

在李建新的倡导和坚持下，长丰集团围绕新的战略从人才、产业、营销方面频频出手。

2002年，企业选送第一批管理骨干到湖南大学读MBA，以及一批一线班组骨干到湖南大学培训。同年，集团重组兼并中国人民解放军7432工厂，组建衡阳风顺车桥有限公司。还斥资在长沙经济技术开发区兴建长沙基地，时称国内最大的越野车生产基地,被列为湖南省重点技术改造项目。

2004年中,长丰集团总部以及长丰汽车的机关从湖南永州迁到长沙。同年,集团兼并湖南长沙汽车总厂,组建湖南长丰汽车制造股份有限公司,湖南长丰汽车制造股份有限公司在上海A股上市,股票代码:600991。

2004—2005年,投巨资开发新产品猎豹CS6和猎豹CS7。

2005年,投资组建了汽车服务公司、国际贸易公司、国际金融公司、物流公司。

2005年,牵手华联集团,兼并安徽滁州的扬子公司,把皮卡制造业务收入囊中。

2003—2007年,推动整车出口中东和南美,在中东国家

● 2003年,长丰汽车上市纪念的宣传设计图

设立销售机构。在俄罗斯设立1个代理销售公司。

2003—2007年，大力引入汽车专业人才，包括海外精英人才，还派出30多名人才到美国、日本、德国、荷兰等国培训深造。

……

由此，长丰集团形成"四三二一"的经营格局：

"四"指长沙、衡阳、永州、广东惠州四大零部件基地，业务格局基本形成；

"三"指长沙、永州、滁州三个整车生产基地；

"二"指位于长沙、北京两地的研发中心；

"一"指一个集团总部。

企业的战略扩张涉及资本运营、业务扩张、资源整合等多个方面，使企业经营规模、业务范围等大大拓展，基本建成一个国际化企业的雏形，但由于核心人才、管控力不足等，集团的工业总产值、投资效益、经营效益等不尽如人意。

有一件与战略相关的事件，至今还让员工记忆深刻，就是当时公司干部集体学习《洪恩英语》的热潮。为推进国际化战略，全集团科级以上的管理人员每人一套《洪恩英语》教材，要求自学，培养通晓英语的国际化人才。每天中午、下午下班时，工厂内部广播站的大喇叭都会播放英语对话或英文歌曲，企业人力资源部门组织英语培训班，并聘请英语教师上课辅导。那时，企业内部会议上管理人员常会互相询问，某某背了多少单词，交流学习英语的心得。出差时，管理干部也会自主

第四章：执着自主品牌，国际化推动战略搁浅 / **069**

◐ 2002年，长丰集团斥资千万元在湖南大学成立"长丰汽车工程学院"，推动产学研一体化

◐ 2002—2005年，长丰集团共选送100多名一线班组长到湖南大学脱产学习

地带上英语单词小册子，随看随记。

李建新是英语学习的模范。虽然他商务活动繁多，但通过多年坚持英语自学和实践，练就了一口比较娴熟的口语，就算是出国商务活动，他也不需要翻译。

员工眼里的"国际化战略"

从某种角度上说，长丰集团的"国际化推动战略"契合刚加入WTO时代背景下发展民族工业的态势。客观地说，战略的出台离不开行业专家、咨询机构的"理论蜜源"的支持，也是企业高管扩张冲动的产物。有些遗憾的是，战略一定程度上忽视了管理常识，互动探讨与宣传引导也不够充分。

什么是国际化推动战略？绝大部分员工对此有些不理解。笔者曾亲身见闻，感受到战略落地的不畅和无奈。

2004年秋，长丰集团召开一年一度的集团职工思想政治工作研究会（简称"政研会"），课题是：国际化推动战略与国际化企业。笔者作为评审人在阅读论文时发现，论文作者基本为企业政工人员，如各级党委书记、工会主席、党支部书记。在这些论文中，基本是论述国际化企业，或者长丰集团如何实施国际化战略，或是对国际化战略的认识等，论文质量不太高，要么从文献或网络上引述一些观点，要么谈一点自己的体会，停留在浮光掠影的描述层面，即使身居重要岗位的管理人员的文章也是如此。在此，不能完全责怪撰写者的理论基础薄弱和文笔逊色，只能说明各级干部对企业战略的学习、理解等方面存在不足。

2005年，笔者在长丰集团长沙基地任职。当时，该基地生产猎豹飞腾和三菱帕杰罗V73，市场表现一般，员工士气不高。根据上级党委的安排，笔者就"企业青工的思想状况及对策"调研课题走入生产车间。在冲压车间，笔者提问一名20岁出头的员工：

"你知道公司的战略吗？"

"不太清楚。"

"那公司的国际化推动战略，听说过吗？"

"好像在内部报刊上看到过。"

笔者又问一名年龄稍长的员工，这位员工的回答也是含混不清。

那次调研中，基层一线员工对国际化战略大部分没学习过，只是听人提及过，极少部分在集团内部报纸上看到过，至于战略详情，根本不知道。

为了开拓国际市场，长丰集团在2005年成立了"湖南长丰国际贸易有限公司"，聘请日方近石幸一郎先生担任总经理。时任集团党委副书记的周玉芳，希望通过内部媒体的宣传方式促使集团管理团队和员工对公司战略有一个新的认识。她安排企业内刊《长丰集团报》的两名记者就"国际化推动战略"

专访近石幸一郎先生。

"什么是国际化的产品？"

近石幸一郎先生认为："产品是公司价值的最终体现。任何一个优秀的国际型企业必须通过自己的产品来体现公司的经营实力、经营理念、经营风格。可以说造不出优秀的产品，就不可能成为一家优秀的公司；可以说产品不能被国际市场所接受，就更不可能成为一家优秀的国际型公司。"

对于记者的另一个问题——"什么产品才是国际市场认可的？"

近石幸一郎先生说：这个产品必须有很高的市场价值，信誉度高，价格、质量都很合理。这个合理不是我们自己说了算，而是市场来判定。他举了丰田公司的例子，当初丰田不是生产汽车的，到了1937年才决定研制汽车。当时，美国的通用汽车和福特汽车已成为举世闻名的大企业了，在拥有大量生产技术优势和市场运作方面，这两家公司的实力足以让世界上所有其他汽车厂望尘莫及，并且它们已将各自的汽车组装厂打进了日本。

记者的第三个问题是"如何在自身基础薄弱、对手实力强大的形势下开拓市场？"

近石幸一郎先生又以丰田公司为例。当年弱小的丰田公司谦虚地接纳了当时默默无闻的美国统计师威廉·爱德华兹·戴明的建议：高质量生产。他还引用了曾任丰田公司总经理的石田退三的话："汽车的生命在于各种机能的耐久力，而且必须物美价廉。汽车制造商的最终和最高目标是：产品要更好，价钱要更便宜，而且好主意还必须紧跟好产品，改进质量和降低成本可以说是一个永恒的课题。"1954年丰田开始实行"看板管理"，公司总经理亲自担任质量管理部部长，成立了6500多个质量管理小组。丰田公司在质量与成本方面的长期有效的关注，值得借鉴和学习。

近石幸一郎先生还谈到国际型企业的员工标准。他说："有价值的产品是我们的员工制造的，优秀的员工制造高品质的产品，国际型企业的员工不是非常听话的、绝对服从管理的，不是你要他干什么他就干什么，而是要有自己的独立的思想，不仅有技术、有经验、敬业，而且要有思想，能参与管理，想办法把工作做好，把产品制造出来，受市场的欢迎和认可。"

他重点谈到长丰集团的国际化推动战略："长丰集团是一个整体，企业提出要打造国际型企业这样一个目标，那么这个整体的每一个组成部分都必须把眼睛瞄向国际市场。当子公司利益与集团整体有冲突时，子公司必须首先满足集团整体的目标和利益。"

近石幸一郎先生坦言道："集团公司的个别公司总是习惯于紧盯着自己的利益，不理解、不接受集团的整体目标，国际市场对我们产品提出的要求，是集团所属每一个子公司都必须接受的，否则，难以做到产品全球销售。"

近石幸一郎先生的观点犀利，具有很强的针对性，代表了当时管理高层的另外一种声音。

近石幸一郎先生指出了长丰集团在战略上的短板："一是产品弱。猎豹汽车同强势品牌相比，品质差距很大。二是员工队伍素质不高。同一些竞争对手相比，长丰员工素质较低，能认真按照要求干活，服从管理，但主动参与的积极性差。三是以猎豹汽车整车为业务核心的集团业务运营格局没有形成。长丰集团与旗下子分公司的管理上，只有形式上的母子公司，没有形成紧密的经济共同体。对于一些子公司的局部行为，集团难以管控。"

无独有偶，另一位日方专家对此战略也充满困惑。日本三菱汽车委派到湖南长丰汽车制造股份公司任董事专家的石川明彦，曾在《长丰集团报》上发表一篇名为《直面长丰汽车的改革》的文章，他对长丰集团是不是国际化战略提出六个方面的判断标准："一是企业要有一定的规模；二是产品为全世界共享；三是有一定的新产品开发能力；四是可靠的盈利体制；五是有国际性的价值观；六是具有机动能力的组织结构。"

这些标准反映出日方专家对长丰集团高层的善意提示，也是诚恳的建议。

"当局者迷，旁观者清。"在与日本三菱汽车合作期间，长丰集团虽然在国产化上下了功夫，但与国内其他合资企业一样，没有掌握核心技术，真正拿得出手的东西不多。以上二位日方专家的评判充满理性色彩，都谈到技术产品，显然长丰集团还未积淀这样的能力，至于较高素质的队伍、国际性的价值

第四章：执着自主品牌，国际化推动战略搁浅 / 075

◐ 2006年11月22日，时任长丰汽车副总经理兼三菱汽车销售总经理铃木道幸接受媒体采访

观等更需多年的努力。

无疑，长丰集团距离真正的国际型企业仍有很大的差距。

竞争环境瞬息变化，市场上总有领导者与追随者。

中国加入世贸组织后，我国SUV市场异军突起，国外的强势品牌抢滩布点，猎豹汽车主攻的公务车市场"边际效应"开始下降。当时，猎豹汽车的技术源头——日本三菱汽车帕杰罗V31、V33，技术实力落后于路虎、克莱斯勒品牌。猎豹汽车不过恰好应对了"天时、地利与人和"，以结实耐用的产品适用于国情。当国外强势品牌涌入，日本、韩国、美国等SUV

产品不仅有时尚的外形，而且有良好的性价比，猎豹汽车外形粗笨、科技含量不高等劣势开始显现。

另外，国内后起之秀奇瑞、长城开始瞄准SUV市场发力，后来者居上。2004年猎豹汽车市场占有率下降，一些经营指标呈负面态势。当初三菱公司倚重长丰集团，希望通过长丰集团能实现在华的战略目标，面对其经营能力、盈利能力等下滑，三菱公司开始坐不住了，两个股东合作中意见不同，战略眼光存在差异，并在品牌控制、产品结构等方面发生矛盾。

战略超前下的管理盲点

国际化推动战略符合国家产业政策导向，战略实施却无法逾越管理粗犷的现实。

长丰集团从事整车制造的实体为湖南长丰汽车制造股份有限公司，即上市公司"长丰汽车"。日本三菱公司在公司的四大生产车间（机械部、焊装部、涂装部和总装部）设置两个管理岗，一为中方，另一为日方，日方为正职，日方在车间推行三菱汽车的管理模式。比较有成效的是星级班组管理模式，这种管理方式以基层的班组为对象，管理内容包括制度、员工作风、民主管理、合理化建议及人际关系的建立、文化氛围等方面，效果显著。这种基础管理方式对提升企业管理水平有促进作用，但如何结合企业内外部环境变化，持续创造性地提升班组管理水平，没有人跟踪。而且，从管理的体系构架上说，班组管理、质量管理、安全管理等，都是制造型企业管理体系的一部分，长丰集团没有安排相关部门或相关团队来研究和推进。或许由于长丰集团对管理不够重视，或是别的原因，后来三菱汽车委派的管理和技术人员逐渐减少。

为推进国际化战略，2001年，集团斥资300多万元在永州基地上马建设ERP系统。在项目推进中遇到一个棘手问题，就是员工工作习惯问题。几十年来，工厂处于偏僻的山区，观念相对保守，大部分员工对ERP项目缺乏主动热情。在项目推行过程中，要求车间物管部门对每天原材料的出库、入库，必须电脑录入，还要求总装车间产品下线车辆每天录入电脑系统。部分员工认为除手工填单外，还要电脑输入，实在烦琐，便产生偷懒行为。

数月下来，项目推进不太顺畅。此外，项目要求办公室人员人人学会使用电脑，向无纸化办公转型，一些上了年纪的领导仍习惯手写报告、手批文件。在今天看来，这些工作似乎没有挑战性，十几年前却遇到较大的消极对抗。

几年过去，ERP系统推行收效甚微，只有财务系统的部分成果，其他的都不了了之。

企业希望通过观念更新、加大培训和提供干事平台等途径，提升和培育一支适应国际化战略发展的人才队伍，也为此出台不少举措。不可否认，企业在培养人才方面是可圈可点的。那几年，企业花5000万元与湖南大学校企共建，成立长丰汽车工程学院，专门为企业培训汽车技术人才，前后有300多名一线班组长被送至湖南大学接受培训。对管理、技术骨干也不惜花费重金，前后选送100余人到湖南大学、湖南经济干部管理学院（中南林业科技大学）深造。

还重点挑选30名后备干部到荷兰、美国等EMBA班深造。在企业扩张期，60多名青年干部出任子分公司总经理、副总经理、党委书记等岗位，一时间，营造出"青年英才指点江山"的良好氛围。

一般来说，个体思维的转变须具备两个条件：一是外在强大压力；二是内在的强烈需求。李建新多次提出了"危机论"，如"不能小富即安，要增强危机感""微软企业离破产只有18个月，我们只有12个月""要敢于迎难求生，不要坐着等死"等，某种程度上，这是李建新作为主要领导的主观愿望，压力传导到企业基层是不够的。企业还没有构建出有力的淘汰机制和文化变革氛围，大部分企业员工仍满足现状，缺乏创新的动力，对于外部复杂的市场环境，一些干部仍我行我素。

长丰集团属于一个中型规模的集团企业，因国际化战略的需要，集团形成了"四三二一"的格局，业务跨越湖南、广东、安徽三省，旗下20多个子/分公司，涉及的业务有汽车制造、汽车研发与营销、汽车服务、国际贸易、汽车零部件制造等30多个板块，让人眼花缭乱。一个大型的企业集团雏形浮出水面。

从企业战略、企业文化和管理制度的协调性来说，缺乏内在的逻辑统一。正如三菱汽车委派专家所言，"集团公司的个别公司总是习惯于紧盯着自己的利益，不理解、不接受集团的整体目标"。从管理高层来看，一些管理层总是很忙，喜欢帮助下属解决问题，事情解决了，类似的事情却越来越多。团队班子配合上，表面上非常和气，其实他们都有自己的想法。对于集团党委提出的决策意见，有的是消极对待。

致命的是，"大企业病"症状在长丰集团开始出现，如程序繁多、部门壁垒、信息不通、重形式、听汇报、当好好先生等，也是比较常见的现象。

以上，成为当时长丰集团内部管理的"自画像"，涉及战略、管理、人力资源、企业文化等方面的问题。这种现状，也让李建新深感焦虑和无奈。

延迟的国际化战略

2007年，长丰汽车经营指标的微笑曲线一再没有出现，猎豹汽车市场销售仍处于低谷，李建新终于按捺不住，挥泪换主帅。

2007年底，长丰汽车总经理、党委书记、财务总监和销售总经理等高管全部撤换，巧合的是，接替以上岗位的高管全部都有军人背景或相关经历。原广州军工后勤部工厂管理局局长陈正初任总经理；团职军官转业的原集团副总经理王河广任党委书记；中国人民解放军7432工厂原厂长欧裕华任销售总经理。从这点可以推测出，李建新对行伍出身的战斗力、工作作风和执行力的重视，他希望通过此次班子调整，加强军队的优良作风，推崇超强的执行力。

2008年4月21日，第十届北京国际车展上，长丰汽车高调登场，分别展出了猎豹SUV、帕杰罗和骐菱多功能轿车三大系列，共10辆车。

当时，以"双剑"计划命名的猎豹CS7与长丰骐菱CP1A两款新车型第一次亮相，成为国际化战略新品行动的先锋。发布会上，李建新发表讲话，宣布了"国际化战略2008 V行动"计划。他说："加快新品的推出速度，加大多元化发展的力度，以及不断提升品牌价值，是长丰汽车'国际化战略2008 V行动'的核心。"

他说："从2008年起，长丰汽车将每年有两三款新车面世，覆盖皮卡、SUV等领域，以及打造A级车。机会成熟时，还要发展C级车，向全系列乘用车制造商转型。"他在讲话中明确提出要在做精做强SUV的基础上，推动企业多元化发展，贯彻实施长丰集团的国际化战略，加快向国际市场进军的步伐。

当时媒体披露，长丰集团的国际化战略，在实施主体上由长丰集团让位于长丰汽车。该战略以字母"V"为主线，涵盖了产品生产、市场推广、营销策略等各个方面，全面展示了长丰汽车由专业SUV制造商向全系列乘用车制造商转变的全新形象，也吹响了自主品牌国际化的号角。

时任长丰汽车总经理陈正初在接受媒体记者采访时，描述了长丰汽车国际化战略的五步走。第一步是市场国际化，而市场国际化的基础是产品进军国外市场。2008年，长丰汽车在国际市场上已经取得了一些进展，除在俄罗斯商谈建厂外，还与越南经销商签订了出口1万台猎豹飞腾的订单，后因出口政策变化而没有落地。第二步是技术国际化，通过市场国际化捕捉全球用户需求信息，瞄准市场前沿动态，倒逼产品研发技术的不断进步，达到国际化水平。第三步是资金国际化。加大"走出去"的步伐，通过海外的资金募集，实现全球化资本运作。第四步是人才国际化。国际化战略离不开人才的支撑，在产业布局、海外业务拓展、新产品开发、服务国际化等方面需要一支掌握全球化运营规则、具有国际视野、熟悉本土文化的汽车人才队伍，需要不断开放包容，广纳各类英才。第五步是实现管理国际化。随着国际化战略的落地，工厂在不同国家建立，产品在全球各地销售，组织架构、管理模式必然随之变化，企业管理文化也不断演变，不断适应国际化的新发展新要求。

以上所述的"国际化战略"，源于长丰集团"十二五"战略规划中的"国际化推动战略"，其中的内涵演变，自然是语焉不详，人们更多地只能从字面上主观猜测。从国际化推动战略的提出到真正落地，背后不乏各种力量的博弈。

时值湖南推进国企改革的第二波浪潮，长丰汽车新的管理团队到位后，便掀起一股"三项制度改革"的热潮，上至公司总经理，下至一线门卫工人，全员参加上岗公开竞争竞聘，共计3000多名员工参加。

通过竞聘，企业一些年纪大、能力不足的员工落聘，或被调整为闲职，一些年富力强的管理骨干走上新岗位，为国际化推动战略的实施铺平了道路。

令人费解的是，2002年成型的国际化战略，到2008年才正式对外发布，历时足足7个年头。这7年又是长丰集团主动出击的7年，但在管理机构、产品开发、扩张项目等方面仍有剪不断、理还乱的许多问题困扰着长丰集团。

北美车展：企业国际化的第一站

北美国际车展，是世界上规格最高的国际型车展之一，长期以来是全球引领汽车潮流的旗帜，怀有国际化抱负的长丰集团当然要登上这一高台。

2007年1月，长丰集团一反沉默的姿态，高调弹起"国际车展"的进行曲，开启了进军北美车展的征程。长丰集团作为唯一与北美国际车展组委会签约的中国厂家，也是北美国际车展100年来，继吉利之后，第二家正式参展的中国厂商。长丰集团携旗下5款自主研发的新车型登台亮相，引起了国外专业人士和媒体的关注。当时，长丰集团、吉利等在内的5家中国汽车厂商参加了底特律车展。长丰集团是中国参展企业中面积最大的，500平方米的展位上展示5款猎豹汽车，分别是：猎豹CS6柴油版、猎豹CS6汽油版、猎豹骐菱多功能轿车各一台，猎豹CS7两台。

　　长丰集团作为中国汽车企业代表，第一次正式参加美国底特律车展，又有神秘的军方背景，在当地反响强烈。当时，美国主流报纸头版头条采用了"中国来了，为底特律感到担忧"等标题报道这一重要新闻。

◐ 2007年，长丰集团旗下5款车型产品参加北美底特律国际车展，召开新闻发布会

长丰集团重磅参加底特律车展，体现双重意图：自主品牌汽车亮相国外市场，为国际化开道，自然是主要的；此外，借此平台，广招海外英才，也是企业参展的目的所在。

车展期间，长丰集团举行了一场名为"长丰之春"的汽车华人联谊会暨人才招聘会。据参与者说，"当时有170多人参加了，有90%是当地的华裔汽车业人才，还结识了一批当地经销商，熟悉了美国汽车市场的游戏规则"。招聘会上，来自福特、通用等大公司的50多名华人参聘，企业招聘的岗位待遇非常高，年薪收入超过集团董事长、总经理。李建新亲自任招聘官，一个一个提问，一个一个诚邀，希望汽车英才为国家的自主品牌汽车出力。有不少人才现场签订了意向协议。

借用长丰集团某高管的话，"那些被长丰集团相中的人才都是工作了十几年的专家，有搞发动机的，有搞底盘的，有搞车身的，有搞采购管理的，他们的税后收入都不低于美国当地人的收入"。一年后，长丰集团从北美车展挖来的海归专家有3人：韩志玉，福特公司的发动机实验室专家；耿纪达，通用汽车的采购项目经理；何昆，通用汽车的高级工程师。在2009年长丰集团与广汽集团重组期间，以上3位海归人才全部离职。

事后，有人评价长丰集团引进海外人才这一事件，说："海归派，要么水土不服，要么眼高手低，要么文化相斥。企业由于国际化推动战略的需要，虽求贤若渴，但选择人才的火眼金睛不够明亮，这也不能过于非难，即使交一笔学费也在情理中。"

想当年，TCL集团进行国际化时，并购法国的阿尔卡特手机业务，不到两年时间便巨亏9亿元人民币，同样付出了一笔庞大的学费。

企业提出国际化推动战略以来，一直陷入产品力弱化、销售力不振、市场不断萎缩的颓势。直到企业自主研发的新车型开始面世，希望通过北美参展，塑造国际品牌形象，也能向外界展示进军国际市场的决心，"走出去"学习国外的先进技术与管理经验。然而，这并非想象的那么完美，就是在企业的内部，也一直有不同的声音存在。有人认为，北美车展是集团高层的赌博：要么，求得转机，要么，难言江湖。

不知是媒体的炒作，还是其他原因，当时长丰集团收购悍马一事，成为业界的谈资。当年参展的猎豹CS6荣幸地登上《福布斯》榜，为进军国际市场打响了第一枪，备受一些媒体的关注。不久，美国的悍马品牌因为经营困难，有意向对外出售，据说长丰集团成为有潜在意向的买家之一。长丰集团与通用汽车曾为收购悍马事宜进行接触，希望能通过技术合作等方式，打通海外的营销通道。

然而，不论是规模、技术，还是产品、服务，长丰集团只是国内三流的汽车厂商，如果没有国家的支持，想通过自身运作收购悍马，只能是蛇吞象的游戏。当然，如果能成功，说不准猎豹汽车可以通过借助通用汽车的渠道拓展海外市场，从而获得新的转机，但这只是一个假设。

两年之后，长丰集团的整车业务开始被他人控制。

营销规模：战略转型中不可逾越的魔咒

产销规模是衡量一个企业是否健康发展的关键指标。在这方面，长丰集团一直希望猎豹汽车的销售目标能不断攀升，但事与愿违。

2003年是长丰集团历史上最辉煌的一年，通过在SUV领域内第一个宣布大幅度降价，抢得了先机，产销29800多台，出奇地夺取了中国越野车市场的冠军。同年，集团坚定了"国际化推动战略"，把销售目标台量锁定在"30000～40000台"。

后来，每年的销售台量，一直徘徊不前，以下数据为证：

2003年，SUV实际销售　2.98万台；

2004年，SUV实际销售　2.6万台；

2005年，SUV实际销售　2.5万台；

2006年，SUV实际销售　2.2万台；

2007年，SUV实际销售　2.5万台；

2008年，SUV实际销售　2.6万台。

有人说，年销售3万台的目标是长丰集团的魔咒。

2004年，长丰汽车成功在上海上市，产销目标为4万台，不幸遇上我国第一个汽车行业的冰河期。当年许多国外品牌强势入华，在品牌、质量、价格、服务等方面遥遥领先，严重挤压自主品牌的市场，即使长丰集团誓死保卫阵地，奋勇拼搏也只交出2.6万台的业绩。

2005年，尽管对产业政策和竞争环境进行了充分分析，营销目标定为3.5万台，企业拼尽全力，结果销售量仍以2.5万台收官。

2006年，也是如此，一直到2009年，广汽集团入主。

虽然企业如此屡次受挫，但是不得不佩服企业的韧性和意志。以至后来，李建新也说，"产销30000台规模是长丰集团的一道坎，迈不过，企业不可能有更大的发展"。

国际化战略布局中的项目盘点

2004年7月15日，为更好地推进国际化战略，长丰集团的总部机关、长丰汽车的本部机关全部从永州迁到长沙，集团的注册地也相应变更，企业管理中心移师北上成为定局，也将为国际化推动战略助力。

投资兴建长沙基地是企业北上扩张的第一站。

2001年9月，按照广州军区要求，长丰集团移交湖南省政府管理。长丰集团作为一个金饽饽，企业成建制移交到地方，政界官员自然乐不可支，可以从就业、税收等方面整合产业资源。

借助"有形之手",对国有企业进行"帮扶"。当时长沙汽车总厂、三湘客车厂等市属国企经营困难,严重亏损,迫切需要像长丰集团这样的生力猛将拉一把。长丰集团重组了长沙汽车总厂,注册组建"长沙长丰汽车制造有限责任公司",在其原厂址上兴建总装车间,接收了部分原企业员工,生产猎豹V6-3000车型。长沙市、县两级政府非常关心长丰集团,大力扶持企业扩张,在长沙经济技术开发区低价格出让1000亩土地,让企业投建新厂。

在这样的背景下,长沙基地从规划到兴建,符合风头正劲的企业扩张速度,很快就竣工投产。

长沙基地,由国家发展和改革委员会批准,预算总投资14.2亿元,占地56万平方米。设计大纲为年产5万台。工厂新建的冲压、焊装、涂装、总装生产线及检测线,采用先进的设备、技术,充分体现了"先进、适用"的设计理念。2015年举行隆重的竣工暨新车型下线仪式,湖南省委、省政府主要领导都出席,赞扬了长丰集团为推进湖南汽车工业发展所做的贡献,三菱汽车公司代表对长丰汽车近年来的快速成长、对双方的精诚合作感到非常满意。当时,长丰集团永州生产基地年产能力3万台,加上长沙基地的年产规模5万台,以8万台的年生产规模,毫无悬念地成为当时国内最大的轻型越野汽车生产基地。

长沙基地的匆忙重组,留下了复杂的债权关系问题。一

第四章：执着自主品牌，国际化推动战略搁浅 / 089

● 2006年，长丰集团长沙基地的办公大楼外景

● 长丰集团汽车公司长沙基地工厂

直以来，长沙基地对外有两个牌子：一个是"长沙长丰汽车制造有限责任公司"，另一个是"湖南长丰汽车制造股份有限公司长沙基地"，前者是有形之手的需要，后者是无形之手的要求。大家熟悉的称呼是"长沙基地"。长沙基地的产能严重不足，运转困难，是竣工后一直没有解决的问题。

长沙基地竣工前，长丰汽车与三菱汽车都已签订帕杰罗IO和帕杰罗V73两个越野车的转让协议，按照以往的市场预测，长沙基地设备利用是充分的，后来的市场表明，以上两个车型的引进都不成功。

前者因为执意要国产化，坚持纯正自主品牌的身份，当帕杰罗IO车以"猎豹飞腾"自主品牌面目出现时，因质量、服务等问题并不受用户欢迎。每月仅300～500台的产量，国产化后的猎豹飞腾走向失败。后者三菱帕杰罗V73、V77以CKD方式生产，关税高，导致市场售价偏高，受众市场非常小，年销售量为400～500台。

如此一来，长沙基地的年产量长年在1万台左右徘徊，呈低产、低效状态，给长丰集团带来较沉重的成本负担。

今天看来，2004年是长丰集团由盛至衰的转折点，有以下两个典型事件为证。一是新产品猎豹飞腾上市后，让热心的用户从期盼到失望，一定程度上有损于企业形象，给猎豹汽车的品牌蒙上阴影。多年后，熟悉猎豹汽车的人，一提及企业的衰败都认为离不开当年的IO车国产化一事。二是三菱汽车的高层调整频繁，包括三菱汽车高管集体辞职、大股东撤资等变故，让三菱汽车没有精力考虑与猎豹汽车的长期合作。

众多因素，让长沙基地作为生产轿车基地的梦想落空，没有助推长丰集团产能上规模。

世界汽车工业史表明：单一的越野汽车细分市场消费群体小，客观上决定规模有限，难以提升企业规模。国家产业政策明显向产业规模大的轿车行业倾斜。长丰集团渴望从拥有轿车资质切入，实现规模的大跨越。

李建新长期浸淫在汽车行业，何尝不知中国的产业趋势，要提升规模和实力，必然要涉足轿车生产。谁是在轿车领域的合作伙伴？位居世界500强的三菱公司成为长丰集团的首选目标，并为之孜孜努力。

以下，是2004—2008年企业重大的商业活动大事记。

2004年5月，三菱汽车发布崭新的商业振兴计划，将以中国为主的亚洲市场作为其战略发展重点。

2006年4月，三菱公司参股东南（福建）汽车工业有限公司，东南汽车获准生产三菱格蓝迪和蓝瑟轿车。

2006年4月，三菱汽车株式会社社长益子修表示，三菱对长丰16%的出资比例会增加到50%。

2006年5月，长丰集团董事长李建新飞赴日本三菱总部，签署了组建一家整车合资公司的合资备忘录。新的合资公司将由长丰集团下属长丰汽车和三菱汽车工业株式会社、三菱商事株式会社三方发起成立，股比为5∶3∶2。

2007年4月，日本三菱汽车海外事业部称，三菱汽车有意放弃已持有的16.07%湖南长丰汽车制造股份有限公司的股份。

2008年2月，三菱方面组织架构调整，原负责双方合资谈判的三菱北亚海外市场部遭撤销。

2008年4月，三菱汽车参加东南汽车新车发布会，东南汽车声明，引进三菱汽车任意车型。

2008年4月，长丰汽车突然向业界宣布"国际化推动战略"。当初，长丰集团斥资16亿元兴建长沙基地，不单纯是为了提升产能，还是为引进三菱汽车的轿车项目作铺垫，对此，李建新在企业内部会议上多次提及此事。长沙基地建成后，通过积极努力，长丰集团与三菱汽车达成良好的合作意向。

三菱汽车在华业务不太理想，一直想在合资公司占主导地位，做大业务规模。在轿车项目谈判中，长丰集团对新合资公司的控制权、引进车型方式等方面作了许多让步，三菱汽车准备通过内部增资（当年三菱汽车持有长丰汽车股份公司14.59%的股份）的方式，来扩大在长丰汽车的股权。受当时国家汽车产业政策所限，即合资企业的外方股比不超过50%，长丰集团和三菱汽车便确定了双方按50：50股比重新成立一家合资公司的方案，形成以长丰集团为主的国有法人股（持股50%）、三菱汽车（持股30%）和三菱商事（持股20%）外方持对等股比的合资公司股权结构。

现在看来，这种持股结构与当前广汽三菱汽车公司的股权结构出奇相似，现广汽三菱公司股权股比结构为：广汽集团50%，三菱汽车工业株式会社33%，三菱商事株式会社17%，当时三菱汽车的合作是充满诚意的。世事难料,后来,三菱汽车却发生许多重大事件和公关危机,一个接一个变故接踵而至,剧烈冲击着这家企业,让三菱汽车无暇顾及其他。

几年间,我国的汽车市场以常人无法想象的速度一路高歌猛进,迅速成长为全球产销大国。

国外汽车大鳄集中火力攻城略地,抢滩市场,原来名不见经传的国内企业也异军突起,如众泰汽车、力帆汽车等,挤占猎豹汽车的市场份额。相比之下,长丰集团生产经营呈踌躇不前的状态,三菱汽车的合资态度开始转变。

2006年前后,在长丰集团的极力邀请下,三菱汽车来华考察比较频繁。三菱汽车的社长、副社长及亚洲本部部长等全

● 2006年,长丰集团董事长李建新与日本三菱汽车社长益子修洽谈合作事宜

部高管先后到华，对拟合资的长沙基地的各方面情况进行多轮考察和评估。长丰集团还特地成立了项目合作小组，技术谈判小组由贺四清担任。由于三菱汽车的合作策略、新车型引进等不断变化要求，双方的轿车合资谈判于2007年底陷入僵局。

长丰集团在与三菱洽谈轿车引进的同时，自主研发的动作一刻没有停歇。企业加大力度招兵买马，陆续研发出猎豹CS6、猎豹CS7等产品。

2007年5月28日，长丰汽车发布公告，定向非公开发行不超过1亿股，募集资金不超过9亿元，募集资金将投入年产3万辆CS7轻型越野汽车的技术改造、补充CF2（CS6）技术改造和收购安徽长丰扬子汽车制造有限责任公司100%股权，并增资建设年产2万辆CT5皮卡技术改造等项目。此股票增发案意外遭到三菱汽车的弃权，三菱汽车与长丰集团的矛盾开始浮出水面。

2008年3月，长沙基地生产的2008款国产三菱帕杰罗在北京上市发布，李建新提前邀请了相关方和媒体，三菱汽车却在同一天前往上海参加"三菱与东南携手成龙联合发布会"，为东南汽车助阵，这让长丰集团吃了"闭门羹"。

那时起，三菱公司在华的合作战略重心明显向东南汽车转移。同年，东南汽车董事长凌玉章曾公开表示，东南汽车可以引入三菱的任意车型生产，也可全球首发三菱的任何新车。同时，三菱汽车进一步强化与东安动力公司的合作，它和三菱商事将在该公司中占21%的股比，在关键零部件上，合作重心向中航集团倾斜，进一步巩固三菱发动机的行业地位。

2006年11月，东南汽车突然在上海车展上展现高调的姿态，东南汽车董事长凌玉章宣布东南与三菱的合作结晶——戈蓝（GALANT）正式上市，三菱汽车的西冈乔会长也到场并致辞，表示三菱汽车一直看好与东南汽车的合作，并将更紧密地创造新的未来。时任东南汽车总经理简清隆在接受汽车媒体采访时也说："三菱在中国大陆的发展将以东南汽车为主体，不仅是乘用车项目，包括MPV和商用车，也都优先与东南合作。三菱戈蓝轿车标志着东南汽车从闽台合作走向了国际合作。"事实也是如此，三菱汽车在2004年后没有再向长丰集团转让任何产品与技术。

2007年4月，日本三菱汽车海外事业部亚洲本部部长葛城慎辅称，由于种种原因，三菱汽车准备放弃持有长丰汽车的16.07%股份。后来，葛城慎辅出任广汽三菱汽车公司副总经理，在一次公众场合阐述了观点："三菱汽车进入中国以来，在发动机上建立了合资合作企业，面临最大问题是整车合作项目投资没有上规模，没有自己核心的合作企业，东南汽车和长丰汽车都有可能，也都没有可能。市场才是最重要的。"

今天看来，"核心合作伙伴"这个名分应该落在广汽三菱公司身上，这自然是后话。事实摆在面前，长丰集团与三菱汽车的合作成为一道无解的方程式。

长丰集团，这个三菱汽车曾经在华的第一合伙人，正逐渐被冷落。

实施国际化推动战略，具有竞争力的自主产品是前提。长丰集团集中一切资源，用足十分力气，加快新产品研发，2004年起，共陆续推出猎豹飞腾、猎豹CS6、猎豹CS7、猎豹欧酷曼四款车型。

第一款车：猎豹飞腾。该车源于长丰集团于2004年引进的三菱帕杰罗V系列IO车型，出自设计名家宾尼法利纳（Pininfarina）公司，"IO"代表着自由自在的休闲生活方式，长丰集团给它起了一个形象的中文名——"猎豹飞腾"。外形上，外表粗犷又不失现代气息，棱角分明，肌肉感十足。厚重的前保险杠配上宽大的水平格栅，背负式越野用轮胎，五辐式铝合金轮毂，整体造型干练，显现出硬朗的越野个性。不足之处，飞腾相对较小，外观紧凑，适合小巧的女性，比较适合拥挤的城市驾乘环境。当时，该车型在欧美一度热销。长丰集团希望把此车打造成国内城市SUV的典范。于是，企业投入巨资开展营销公关，一度成为媒体追踪的对象。对于这样一款高起点的小型越野车，企业没有先以CKD或SKD方式引入抢得国内市场，而是让此产品以"国产化"后的自主品牌新面目出现。但在车型的国产化工作中，由于各种因素影响，在产品试制、质量控制、时间进度等方面问题不断，上市时间一度延后，让企业的公开承诺不能兑现，折损了数千万元的营销费用。当以"猎豹飞腾"命名的国产化车型推出后，最终投放在市场的产品却存在沙发座椅、汽车玻璃升降器等故障，产品质量存在瑕疵。

2005年猎豹飞腾上市，月度销售仅500台左右，第二年，一直向下跌，成为SUV市场的匆匆"过客"。

第二款车：猎豹CS6。该车是长丰集团有自主知识产权的第一款纯正SUV新产品。

2006年，长丰集团邀请汪峰、迪克牛仔等摇滚歌手引吭高歌，在长沙隆重推出SUV猎豹CS6，一度成为当年营销创新的经典案例，充分演绎了"音乐营销"的魅力。

猎豹CS6外观和内饰均由意大利宾尼法利纳公司主持设计，整体造型继承了猎豹SUV俊朗大气的风格，局部圆弧，刚中兼有柔和，设计更科学更具有时尚感。该车时尚的造型获得了国内SUV的造型风格奖。

在技术结构上，该车采用V系列平台，配备专业的SUV底盘系统，采用德国博世高压共轨发动机、三连杆螺旋簧后悬架、米其林新型绿色环保轮胎，明显体现出猎豹CS6对各种路况的通过能力高于同类车型，具有出色的操控和稳定性能。计划中的猎豹CS6有2.5L柴油发动机、2.4L汽油发动机两种，并根据二驱、四驱和欧Ⅲ、欧Ⅳ排放标准进行排列组合，共有八种车型可供不同需求的消费者自由选择。当时，猎豹CS6的竞争对手为东风本田CRV和郑州日产帕拉丁。

猎豹CS6上市后，市场的反应让管理层始料未及。首先是后备轮胎问题。该车仿照欧美时尚越野车的造型，把后备胎挂在车厢门后，设计公司设计时可能没有考虑中国复杂的地形状况，一些参数没有作适应性变更。当CS6汽车在西北山区经过一段时间的激烈颠簸后，发生后备轮胎下坠的现象。由于设计数据在意大利，产品试制试验基本为国外研发人员，此问题无法一时根治。该产品有一款柴油版，存在低怠速熄火的问题，无法及时修复。让用户烦恼的是，猎豹CS6竟然还存在翼子板装配缝隙大、汽车玻璃胶条裸露、沙发异响等问题，与之配套的售后服务、维修备件也跟不上。猎豹CS6的市场，从月产800台不断萎缩。2009年时月销售台量为仅300左右。

第三款车：猎豹CS7。该车是长丰集团在猎豹飞腾平台上开发的一款时尚都市SUV，也是跨界SUV。

该车的整车设计出自意大利著名设计公司宾尼法利纳，采用三菱4G94 2.0LMPI发动机，专业越野底盘，充分保留了其越野能力。在具有89kw/5500rpm的额定功率和168Nm/4500rpm额定扭矩的同时，仍能保持百公里6.1L超低油耗，排放达到国Ⅳ。该车的外观和现代的Santa Fe有些相似，Santa Fe当时是市场上流行的SUV车型。

猎豹CS7凝结了企业多年SUV造车经验，外形与奥迪Q7有些相似。它采用当时比较领先的技术，包括自动驾驶系统、车载信息及娱乐互动继承平台、智能四驱等时尚化配置，给途胜、狮跑、逍客等20万元以下的SUV带来不可小觑的影响。在产品面世时，猎豹CS7推出"一款车型，两个版本"的外观设计理念，两种不同风格的外观，分为"艺术版"和"运动版"两款。"艺术版"主要定位于20~40岁的年青一代，而"运动版"外观相对较为保守，定位于40岁左右的成熟人士。

产品上市后,人们发现猎豹CS7存在中国人难以接受的缺陷。突出的是审美缺陷。该车外观过于夸张,猎豹CS7艺术版产品,远看车的前脸像一个"大嘴巴",车的尺寸偏大而显得难以接受。而车尾"翘得太高",影响美观和操控性。车的内饰方面也存在粗糙、质感不高等问题。不仅如此,还存在变速器异响、玻璃胶条松脱、怠速不稳等质量问题。猎豹CS7的月销售台量仅为300左右。广汽集团重组时,把该车进行改型,搭载1.5L发动机,以7万元以下的低价格投放市场仍没有起色。

第四款车:猎豹欧酷曼。代号:CP2轿车,是企业自主开发的第一款轿车。

CP2轿车,由北京长城华冠汽车技术开发有限公司基于沃尔沃S40汽车开发的一款中级轿车,以打造一款坚实安全的家用轿车,以安全性统一猎豹品牌形象。猎豹欧酷曼采用三菱成熟的发动机,并搭载了应用于飞机的ETC电控系统,加速灵敏,动力输出强劲。据悉,这款发动机最大功率达到103kW/6500rpm,最大扭矩达到170N·m/5000rpm,百公里油耗为6L,达到欧Ⅳ标准,超过了同级自主轿车的平均水准。它采用后E型多连杆独立悬挂,比采用后拖曳臂式悬架的同级自主轿车明显高出一个档次。此外,源自欧洲的国际一流水准调校的运动轿车底盘,以E-NCAP国际五星碰撞标准进行设计研发,采用3H超高强度车身,以及6气囊顶级安全配置、胎压监测、ESC电子稳定性控制系统等多重安全配置打出了强劲的"人性与安全"牌。

该车曾计划于2009年上市，以8万元的价格切入市场。后来，广汽集团入主长丰，适逢广汽集团推出中级轿车"传祺"，据说是因顾虑同品竞争，处于主导权的广汽集团让CP2轿车的上市计划一拖再拖。产品起初以猎豹"卓越"命名，长丰集团坚持用"猎豹欧酷曼"品名在上海车展露脸。

2012年，广汽长丰退市，"传祺"便成了"遗腹子"。2013年前后，广汽集团将该车转让给河北中兴公司，以"中兴方舟"的命名出现。让人感慨的是，企业开发的第一款轿车，从一出生，就遇上母体变迁、股东博弈等曲折。

此外，企业先后投资客车、紧凑型越野车、轿跑车等6个项目，以上诸多车型的研发，前后投入相关费用达20亿元。

当长丰集团为战略转型而努力一搏时，一个意外之客来到长丰集团。号称"手机中的战斗机"的波导公司希望与长丰集团合作开发新车型。出人意料的是，与波导公司的合作加速了企业衰败的进程。当年波导公司从手机向汽车转型，最初与南汽集团合作造车未果后，一直未放弃"汽车梦"。与长丰集团搭上线后，2005年，波导公司与长丰集团组建湖南长丰汽车科技有限公司，各占50%股份，主营业务就是生产销售MIA轿车及新的开发项目。2007年，二者又合作开发汽油发动机项目，成立湖南长丰动力有限责任公司，总投资额5亿元人民币。

◯ 2007年7月26日，长丰集团15万台汽油发动机项目奠基仪式

2007年10月，长丰集团永州基地低调举行一场不寻常的新车下线仪式，猎豹骐菱家用汽车脱下神秘的面纱，亮相公众。当时，李建新按下了长丰进军多功能轿车市场的按钮，波导掌门人徐立华也莅临现场。李建新称："骐菱多功能轿车是长丰集团与波导集团合作的结晶。"

猎豹骐菱家用汽车，也称猎豹M1A车，是波导创业团队研发的AM-08车，定位于家用的两厢轿车。猎豹M1A轿车，作为波导公司与长丰汽车合作的产品之一，注入湖南长丰汽车科技有限公司。该车采用欧亚最新流行的外形设计、世界顶级的轿车底盘技术、成熟的动力匹配和最新的安全技术，并针对中国家庭需求进行功能与人性化的内饰与配置设计，舒适的驾驶感受和超值的消费理念，将给家用车市场带来全新消费潮流。

骐菱轿车由永州基地生产，但长丰集团没有重建新的厂房和流水线，只结合永州基地实际，对冲压车间、焊装车间进行了部分柔性化改造，花费数百万元人民币，满足产品的生产。

骐菱轿车的下线有助于长丰集团的国际化推动战略。该车与猎豹CS6几乎同时推出，标志企业开始产品谱系"变脸"升级，由此启动进军轿车及都市SUV的"双核战略"。

有人说骐菱轿车是企业向国际化推动战略发力的开始。长丰汽车一直专注于SUV市场，在技术储备上具有一定的优势，但SUV市场属于小众市场，不能满足企业提升规模的战略需要。长丰作为SUV专业企业，在SUV技术方面积淀了深厚的实力，现在骐菱轿车问世，企业增添了新的伙伴，可以借助猎豹汽车的营销渠道与健全的服务体系，拓展新的市场空间。

产品投放市场后，市场反应却一度让长丰集团无法接受。车型是波导公司主导开发，从浙江到湖南，几易其主，当年研发团队已全部出走。该车型在开发上必要的试验印证不足，如汽车耐久试验也未做完。汽车产品的动力匹配、内修饰、操控性、密封性等存在不少瑕疵。在产品质量整改上，供应商的不配合也成为管理的难题。由于该产品供应商由原波导公司对接，多为江浙区，与长丰集团的供应商队伍不是一个体系，而且部分供应商因产品销售前景不好已退出，这让产品维修备件难以跟上，售后服务滞后，导致用户退车的事件发生（当时用户退车、堵门纠纷时有发生）。后来，湖南长丰汽车科技有限公司把骐菱轿车的销售并入猎豹汽车的销售体系，也无济于事，每月销售仍低于100台。

其间，发生了一件意想不到的事情。2008年，企业利用汽车下乡补贴的政策卖出了160多台骐菱车，对象为当地市民，由于产品质量和服务存在严重问题，50多个车主集体在广汽长丰公司堵门，最后将公司告到国家质检总局。时任广汽长丰副总经理何昆、研发中心主任贺四清等人到国家质检总局作专门说明，并对用户做好维修、经济补偿等善后服务工作，才让此事勉强收场。

拥有发动机工厂是长丰集团多年的梦想，始于2000年初拟与三菱汽车合资建发动机厂。后来，三菱汽车成为沈阳航天公司的合作方。长丰集团尝试其他方式，曾计划收购长沙发动机厂未果，与四川绵阳发动机公司进行合资谈判也没有达成一致。当波导公司主动找上门，再言发动机时，长丰集团毫不犹豫就答应了合作。

2007年12月，由国家发展改革委核准的长丰汽车与波导集团合资汽车发动机项目启动。该项目注册名为"湖南长丰动力有限责任公司"，位于湖南省长沙经济技术开发区内，与长沙基地仅隔一条公路，规划中的年产量为发动机15万台。

为了促进项目落地，长丰集团广泛招聘人才，韩志玉就是其中一位，他是长丰集团在美国底特律车展招聘的海外人才，出任长丰动力公司的总经理。此外，副总经理、总工程师等人才也是从国内高薪聘请。2008年，湖南长丰动力有限责任公司举行"CFTEC发动机下线暨D-VVT点火仪式"，这一次，李建新没有作为点火嘉宾，而由波导集团董事长徐立华、香港晨兴实业公司董事汪鑫炎和时任长丰动力公司总经理韩志玉点火，从中可以看出，此项目前期主要由波导集团主导，实际上，此发动机资源也是波导集团运用资本力量所获得。CFTEC发动机生产线是波导集团从美国福特公司引进，是一整套汽油机生产线。据悉，这套由波导集团斥巨资购买的生产线，在国际上处于中等水平。

谁也无法预料，发动机项目成为一个美丽的陷阱，几乎把企业身家性命都搭上。在项目实施中，一些问题开始暴露，如技术图纸不完整、设备部件缺失，尤其核心技术资料不全和设备的调试难度超过企业的想象，生产出来的产品无法达到合格状态，也让发动机的量产无法实现。同时，项目的固定资产费

● 长丰集团永州基地（含零部件基地）全景

用非常高，年度各项成本高达7000万元。

2009年，发动机项目仍处于调试阶段，此时长丰集团已在"国际化推动战略"的征途上显出疲惫之态。集团旗下的8个车型销售日益下滑，原有市场不断丢失，寄予厚望的新产品猎豹CS7、猎豹CS6、骐菱等车型均不受用户欢迎。发动机项目再度失利，巨大的资金压力成为压垮长丰集团的最后一根稻草。长丰集团又处于一个历史转折点上。

迫于压力，长丰集团辞退韩志玉等专家，大幅裁员。不久，波导集团（上海）研发中心解散，长丰科技公司进入资产清算阶段，长丰与波导牵手的美好时光渐成幻影。

在专注于整车生产时，长丰集团陆续投资一些汽车零部件企业，形成了永州、衡阳、广东惠州和长沙四大零部件基地。这些企业对增强竞争能力、降低成本、构筑产业壁垒起了积极的作用，也因为过度依赖主机厂而造成核心技术缺乏、外部市场小等问题，抵御风险能力弱。

当猎豹汽车经营形势好时，猎豹汽车的成本、质量、交货期摆上议事日程，整车产量的提升也导致配套零部件厂家数量的急剧扩大。

1997年10月，长丰集团所属的集体企业——长丰装具加工厂改制成湖南长丰汽车沙发有限责任公司，这个改制企业业务由服装生产转为猎豹汽车沙发制造，产品质量合格，经济收益可观。一些人提议在集团内投资自有零部件企业，得到李建新等高管的认同，也得到当地政府的大力支持。地方搭台，经济唱戏。长丰集团在永州整车基地的西边,以长丰沙发公司为圆点,拓土招商,构成了长丰猎豹汽车工业园的雏形。

2002年10月10日,长丰猎豹汽车工业园举行竣工投产庆典仪式,长丰集团控股的沙发公司、零部件公司和塑料制品公司竣工投产,零部件企业生产经营顺利,成为长丰集团向零部件基地迈出的战略性步伐。

当时,长丰集团计划在沙发公司、零部件公司、塑料制品公司基础上,逐步实施汽车减震器、汽车玻璃、汽车分动器等系列零部件项目计划,打造成一个形成产业集群效应的猎

◉ 长丰集团衡阳风顺车桥有限公司的员工住宅楼

豹汽车永州零部件生产基地。永州市政府为该基地总体规划了1000亩，第一期工业园占地200亩，二期800亩。后来，随着长丰集团总部的搬迁长沙，猎豹汽车产销遭遇到"冰火两重天"的严峻考验，对零部件的刚性需求一度降低，永州零部件工业园的建设一度缓慢下来。永州猎豹汽车工业园入驻企业，除沙发公司、零部件公司、塑料制品公司外，还有长丰内饰件公司、长丰空调公司。

长丰集团兴盛时期，衡阳市划拨300亩地作为猎豹汽车的衡阳零部件基地。在这块土地上，衡阳风顺车桥有限公司由此诞生。

衡阳风顺车桥有限公司前身是原广州军区下属的一个工厂，番号为中国人民解放军第7432工厂（简称"7432工厂"），是长丰集团的兄弟单位。后来，7432工厂效益逐渐滑坡，资不抵债，濒临破产。在军区的撮合下，长丰集团伸出了橄榄枝，出资在衡阳市开发区重建一个新工厂，组建衡阳风顺车桥有限公司，而原企业的历史包袱留在7432工厂，实现政策性破产。之前，该厂一直为三菱汽车的车身配套企业，技术基础较好。在猎豹汽车生产拉动下，衡阳风顺车桥有限公司导入合资企业的经营机制和管理模式，建立适应市场的现代企业制度，实行"两条腿"走路，一边做好车桥产品的供应，同时做好外部市场的开发。当年，企业工业总产值超过数亿元，成为衡阳市"十一五"全市工业发展的明星企业。

衡阳风顺车桥有限公司良好的经营现状让长丰集团加快

了投资，不久，它与台湾六和集团组建成立"湖南长丰六和铝镁制品有限公司"，生产轿车合金轮毂等产品，股权是50%对等，主要客户有福特、长丰、三菱、马自达等企业。因企业技术、销售渠道等一直掌握在合资方手里，长丰集团没有话语权，双方合作不愉快，最终取消合作。

2004年，长丰集团准备兴建"衡阳变分器公司"，启动投资5亿元的变分器一期项目，新建年产15万台汽油变分器生产线，还规划了客车底盘项目，以此，把衡阳打造成核心汽车零部件基地。就在这时，一连串的蹊跷事情发生，长丰集团某副总经理违纪被双规，变分器项目成员车祸意外重伤，衡阳市政府主要领导调离，等等，意外变化让长丰集团无暇顾及，变分器项目暂缓。

在与广汽集团重组期间，长丰集团变速器项目终于落地，

长丰集团惠州零部件基地

公司名称为"湖南中德汽车自动变速器股份有限公司",中德合资企业,由原长丰集团博士站的博士魏英俊任总经理。

2012年,中德公司通过自主研发,开发出具有完全知识产权的SGT系列全电控AMT变速器,据说一定程度上突破了国外行业垄断,实现核心零部件的部分国产化。长丰集团希望通过变速器项目的运作,实现整车核心部件上的突破,增强自主权。事实表明,这仍然是一个梦想,变速器搭载猎豹汽车后,相关产品性能指标存在瑕疵,产业化路程仍然漫长。

广东惠州零部件基地是长丰集团的四大零部件基地之一,这是集团战略转移的产物。

20世纪80年代,孔雀东南飞,人才、项目纷纷落户广东沿海,长丰集团自然不想错过这个良机。经过努力,广州军区把位于现在的广东惠州仲凯高新技术产业开发区内的一块军用地划转给企业。企业打算用此项目引进韩国双龙客车项目,把永州工厂全部往南搬迁。企业还从永州大本营抽调100多名精兵强将到惠州,投入数千万元建设惠州工厂。后来由于政策、与外方车型谈判等原因夭折,只能将惠州工厂作为一个战略棋子,不放弃,也无大投入。基于此,在这块不足500亩的土地上诞生了两个零部件公司:长丰汽车(惠州)有限公司和津惠汽车线束公司。

2003年,由长丰集团和长丰汽车投资长丰汽车(惠州)有限公司(长丰动力转向器有限公司),制造动力转向器等转向系零部件。当初以猎豹汽车为市场切入点,辐射拓展国内市场，重点发展中国南方市场，欲以品牌技术和地域优势进行市场扩张。该公司自投产以来，因为技术人员缺乏，开发进度跟不上，市场对其产品认可度不高。迄今为止，公司产品主要作为猎豹汽车在产车型的配件，外部销售市场并没有起色。

2000年，为盘活惠州基地资产，由长丰汽车和广汽集团下属子公司天津津住公司及日本住友电装株式会社三方共同成立惠州市津惠汽车线束有限公司。该企业主要生产猎豹汽车的整车线束、广州汽车部件等产品。10余年来，由于缺少核心技术，生产规模和技术设备发展不大，年产量在20000台套徘徊。2011年，津惠汽车线束有限公司归属广汽集团，中方股东从"广汽长丰公司"换位为"广汽零部件公司"，因为公司规模小、技术弱、劳动关系复杂等原因，该企业处于边缘化的境况。

长丰集团是国内较早涉足后市场业务的企业之一。

2005年8月，长丰集团成立"湖南长丰汽车服务有限责任公司"，注册资本3000万元，由长丰集团与北京新华联控股有限公司共同设立。其中，长丰集团出资2100万元，持股70%；新华联控股有限公司出资900万元，持股30%，经营范围包括汽车租赁、汽车销售、汽车俱乐部及相关代理业务、二手车交易及车辆置换等。公司成立以来，各项业务还比较稳健，没有新的突破。其间，企业投资房地产项目。当初企业开始与永州某企业合作开发，后来因经济案件变故，项目停滞。长丰集团决定单独进入。2006年，长丰集团成立湖南长丰投资开发有限公司，业务范围包括房地产开发、经营、建材销售、实业投资等。该公司投建了长丰星城、丰源国际、长顺花苑等住宅楼项目。其中，"长丰星城"项目总建筑面积26万平方米，分两期进行开发，一期各项施工建设已经完成，累计已开发面积达11万多平方米；二期项目于2015年竣工。此外，长丰集团还持有长沙市中银富登村镇银行股份有限公司的股权。

之前，长丰集团还成立了国际贸易公司和金融公司。

湖南长丰联成汽车模具有限公司（简称"长丰联成公司"）是长沙零部件基地的企业之一，成为国际化战略的旁注。长丰联成公司是紧密贴近长沙基地生产的三菱帕杰罗设立的。当时，帕杰罗越野车市场销售前景较好，产量每月近1000台，

● 2008年，长丰集团变速器公司的奠基仪式

◐ 猎豹汽车生产基地的生产流水线

车身冲压的钣金件业务较大，利润点较高。2006年，为降低三菱帕杰罗V73车型成本，长丰集团与佳联贸易有限公司组建该企业，注册资本2463万美元，引进了日本、中国台湾等地的先进设备和台湾联成金属制造股份公司的先进技术，建设汽车模具、冲压件、注塑件生产基地，实现年制造高精度汽车模具300吨的生产能力，形成年产汽车塑料制品10万台套及金属冲压滚压件10万台套的生产能力。

广汽三菱公司成立后，三菱帕杰罗由国产变成停产，导致长丰联成公司中断固定业务。三菱公司为此加大开拓外部市场，揽到了广汽菲亚特、众泰汽车等业务，但因技术、业务依存度等原因，该企业经营一度亏损。

二次重组时，为做大零部件产业板块，长丰集团以并购、租赁与兴建等方式发展新产业，2010年前后并购组建3个零部件公司：湖南丰源业翔晶科新能源股份有限公司、长沙佳利汽车有限公司和湖南丰源迪美科技股份有限公司。

湖南丰源业翔晶科新能源股份有限公司成立于2006年，专门从事锂离子电池和超级电容电池等动力电池、电池模块和电源系统及相关电池材料的开发、生产、检测、销售与服务。2010年长丰集团收购该企业，推进企业新能源汽车发展的战略布局，打造新能源汽车最核心的部件——汽车用锂离子动力电池。2013年，该企业处于亏损状态。

长沙佳利汽车有限公司是2010年由长丰集团收购长沙本土一家民营的改装厂而成立的。该企业拥有各类专用汽车生产资质，主要产品有：新能源汽车电子控制系列产品、环卫专用车及装备系列等特种专用车产品，因为产品定位、销售渠道、技术等问题，运营不理想，目前也处于亏损状态。

2009年11月，由长丰集团和美国De Amertek corporation, Inc.共同投资成立湖南丰源迪美科技股份有限公司。这是一家集汽车电子产品的研发、生产、销售及服务为一体的高新技术企业，注册资金为1亿元整。该企业引进了美国迪美电子动力助力系统总成及传感器、控制器、无刷电机等产品的设计和制造技术，收购了生产汽车仪表的永州长怡电子有限公司。这个企业类似"长丰六和铝轮公司"，技术与销售掌握在外方手里，亏损严重。2013年，通过省国资委备案，该企业按照一定流程处于改制中。

从以上情况可以看出长丰集团零件板块面广线长、层次多。当年长丰集团借鉴美国通用汽车公司零部件配套体系模式，以克服零部件外购带来的主动权不够等弊病，但是通用汽车是一个汽车巨头，拥有多元化的产业，这是长丰难以相比的。不论怎样，长丰集团的高层基于推动国际化战略，计划建立一个汽车零部件王国。然而，残酷现实让理想化为泡影。

围绕国际化推动战略，长丰集团做足了文章，却收效甚微，耽误了做精做专SUV主业良机，大伤元气。回顾这些历程，在技术、产品、人才等准备不充分时，贸然上马众多项目，显然有些仓促。最后的结局令人唏嘘。天空没有翅膀的痕迹，但鸟儿已经飞过。长丰集团战略转型的坎坷，国际化之梦的破灭，为中国汽车业界提供了宝贵的经验教训。

第五章 重组博弈
优势资源遭遇"蚕食"

> 金融危机对我们是挑战也是机遇。如果能够把握这个机遇,让整个产业重组洗牌,我们将能争取更大的市场,或者是缩小跟国外领先公司之间的差距。
>
> ——TCL集团股份公司董事长:李东生

2008年,一只银色蝴蝶从美国华尔街出发,跨越太平洋,飓风般地影响全世界,加速汽车产业的裂变。冲在前列的,当数美国的通用、福特、克莱斯勒等汽车巨头。继而,德国的保时捷、大众汽车也陷入并购风波。意大利菲亚特集团出手并购美国的汽车巨头。从北美到欧洲,从欧洲到亚洲,成千上万的汽车厂商卷入并购旋涡。

在全球金融危机影响下,人们普遍呼唤"狼来了",我国的汽车业不免暗潮涌动。2009年3月国务院颁布《汽车产业调整和振兴规划》。文件明确规定："鼓励一汽、东风、上汽、长安等大型汽车企业在全国范围内实施兼并重组。支持北汽、广汽、奇瑞、重汽等汽车企业实施区域性兼并重组。"文件释放的信号迅速搅动看似平静的汽车业界，地方政府纷纷响应，湖南、安徽、吉林等加快本地汽车业重组，各相关厂商也彼此加快商务合作的步伐，媒体平台从另一个角度强化这种渲染，赋予重组并购的美好空间。

当年，最终敲定的是两桩重组事件：一是长安集团重组哈飞、昌河，二是广汽集团重组长丰汽车（长丰集团）。广汽集团重组长丰汽车，作为国家颁布《汽车产业调整和振兴规划》后的第一案例，引人瞩目。

我国第一宗跨区域汽车重组案例

2009年5月21日，成为我国汽车业绚丽的历史瞬间，广州汽车集团股份有限公司（以下简称"广汽集团"）和长丰（集团）有限责任公司（以下简称"长丰集团"）在长沙举行了股权转让签字仪式。长丰集团将其持有的长丰汽车151052703股（占长丰汽车总股本的29%）转让给广汽集团，本次股权转让完成后，广汽集团将成为该公司第一大股东；长丰集团持有的长丰汽车股份将由目前的265522024股（占公司总股本的50.98%）减少至114469321股，占公司总股本的21.98%，为该公司第二大股东，为此，长丰汽车更名为"广汽长丰汽车股份有限公司"。

广汽集团入湘重组，标志着盘踞华南的广汽集团开启了《汽车产业调整和振兴规划》颁布实施以来跨区域重组的先河，在国内汽车行业起到先导作用。当时，国家发展改革委有关部门领导表示，在《汽车产业调整和振兴规划》实施后，"企业跨区域联合重组"正成为一个重要任务，广汽和长丰的成功联手起到示范作用，对中国汽车产业的结构调整和产业升级产生重大积极的影响。

毋庸置疑，广汽和长丰的重组正式拉开了汽车业界新一轮整合大幕。

广汽集团通过与日本企业本田、丰田公司的合资，获得丰厚的利润，从华南崛起，成为四小集团中的重要企业。2008年，广汽集团产值与销售收入连续两年双超1000亿元，利税各超100亿元，综合实力居国内汽车业前列，由于雅阁、凯美瑞等轿车优良的性价比曾在国内一度领先，在轿车方面尤其占有优势。长丰集团是国内SUV的老牌企业，拥有长沙、永州、安徽滁州三大整车生产基地，包括中高档SUV和中档皮卡的产品线，凭借三菱血统的帕杰罗V33、V73衍生的系列产品在国内中高档SUV市场高居前十的榜单。

外界看来，合作双方，前者有轿车的优势，后者有SUV

的特长，两者相得益彰。此外，二者区域毗邻接壤，湖湘文化与岭南文化具有一定的地缘性与传承性。

业界认为，长丰集团与广汽集团的重组有利于自主品牌轿车的推进。因为，长丰集团通过北京华冠技术开发有限公司开发的CP2轿车已进入F试阶段，将进入推向市场的关键时期，长丰与广汽的重组自然比较容易解决轿车生产资质问题，将会改写长丰集团无家用轿车的历史。

"大广汽"是广汽集团战略发展的重心。与长丰重组前，广汽集团一直在谋划上市未果，收购长丰汽车29%的股份后，是否对上市战略规划有所调整为外界所猜测。当时，广汽集团总经理曾庆洪公开表示，广汽仍会独立谋求上市，坚持建设一个开放的、世界的广汽集团，况且集团的资产很大，不仅包括合资企业，还有零部件企业、服务贸易等板块，不可能把全部资产装入长沙。曾庆洪也承认，长丰汽车确实可为广汽提供一个融资平台，这也是重组的动因之一。后来事实验证此言，广汽集团的确借"长丰汽车"的壳实现整体上市。

广汽集团为了实施"大广汽"战略，抢得政策先机，却面临重组的政策风险。当时《中华人民共和国证券法》规定，如果重组企业收购被重组企业30%的股份，将继而全部收购重组企业。这是重组碰到的一个政策难题（2013年后，该政策已经得到松绑）。广汽集团收购了长丰汽车29%的股份是为了规避风险，而且，如果收购重组企业的股份超过30%，将面临中国证监会的复杂而烦琐的审批环节，增加收购的复杂性和风险性。曾庆洪在某汽车高峰论坛谈到了此事，他说，广汽集团为了上市，先后对广汽长丰进行二次重组，前后花三年多时间，上市却困难重重。

广汽集团重组长丰不久，广汽菲亚特合资项目落户长沙，接着吉奥汽车也归其囊中，广汽吉奥公司成立，"大广汽"版图开始浮出水面。

在广汽集团与长丰集团签约重组合同时，广汽菲亚特项目也在长沙注册。从某种程度上说，广汽集团与长丰集团的重组基于某种条件，广汽长丰的成立与广汽菲亚特落户长沙是"捆绑"的。

广汽集团入湘重组，对于湖南省来说，是一箭双雕的好事。一方面，重组给长丰集团带来新的机会，引进广汽集团处于"四小"首位的华南虎汽车巨头，引进广汽菲亚特合资项目，使世界500强企业到中国内陆投资建厂。两大整车项目将使三湘大地的整车数量有一个大飞跃，而且汽车行业的拉动性，也将推动汽车零部件迅速发展，大大拓展湖南的汽车工业板块。

2013年，湖南汽车销售总量同比增幅高达76%，汽车行业总产值超过1000亿元，成为名副其实的支柱产业。汽车工业真正成为湖南省拉动经济发展的有力引擎，为中部崛起，发挥区域性优势奠定坚实基础。

广汽集团的出现，让三菱汽车在中国的战略发生了微妙变化。广汽集团无论从规模，还是产品或竞争实力，都是长丰集团难以比拟的。它有过广州本田、广州丰田的合资经历，无疑擅长同日本企业打交道，深谙其道。

在广汽集团主导广汽长丰的几年里，三菱汽车与广汽集团沟通的深度远远超过长丰集团。重组为广汽集团与三菱汽车的深入了解搭建了一个良好的平台，后者更了解前者的国际化公司定位，前者更了解后者在华市场迟迟没有做大的隐痛，为新的合资合作奠定了基础。

如果说，当年东南汽车的出现让三菱汽车的重心从中南偏向了东南，这一次，则让它的重心从东南偏回了华南。重组，不仅改变了长丰汽车，也带给三菱汽车新机遇，让它由此获得新生，在中国市场寻找到能让它枝繁叶茂的土壤。

2013年，广汽三菱公司成立，当年实现产销40000台，产值近100亿元，它开始迈向一个新的起点，成为一个不争的事实。

广汽长丰公司，从注册诞生那天起，就是一个过渡性的企业，不断经受资本运营而带来的多重考验。

2009年5月，广汽集团与长丰集团签订重组协议，6月广汽长丰公司注册成立；2009年11月，广汽长丰公司新的管理团队正式组建，并接手运营；2010年11月，广汽长丰公司股票停止交易，对外发布进行第二次重组；2011年12月，广汽集团对广汽长丰进行换股吸收合并，广汽长丰将退市，猎豹汽车销售不足2万辆；2011年12月，广汽长丰第二次重组接近尾声，广汽集团借壳资源在沪整体上市，股票代码：601238；2012年2月，广汽长丰公司主营业务分家，合资品牌项目归拟成立的广汽三菱公司，猎豹汽车自主品牌项目归属广汽乘用车公司并试运行；2012年10月，广汽三菱公司挂牌成立，原广汽长丰的长沙基地、长沙研发中心并入广汽三菱公司，同时由于一些难以厘清的历史遗留问题，广汽长丰公司仍作为壳资源存在；2013年3月，长丰集团回购广汽乘用车公司旗下的猎豹汽车，并成立湖南永州猎豹汽车有限公司，由长丰集团绝对控股，并负责猎豹汽车的生产经营工作；2013年5月，长丰集团在上海国际车展上展出了猎豹汽车家族脸谱，宣示长丰集团回归自主品牌的坚定决心。

以上看出：广汽长丰公司（以下简称"广汽长丰"）从注册到运营仅三年多。就是这三年多，广汽集团上演了资本运作"翻手为云、覆手为雨"的手段，让外界顿生诧异，让员工迷惘，猎豹汽车的命运也由此发生了意想不到的变化。

创新经营思路，重组成效初显

"国际化"是长丰集团2003年提出的战略，也是李建新多年坚持不变的思想。未来，我国汽车必定走向国际，才能有更好的发展，这是全球化的必然趋势。

"专业化"突出猎豹汽车的专业优势。过去猎豹汽车以纯正SUV起家，也是因"以专制胜"而声名鹊起，现在仍要坚持。

"精品化"是对汽车质量的坚守。猎豹汽车做专业的SUV产品，"不给用户带来麻烦"是"精品"的起码要求。

　　在企业发展远景上，猎豹汽车提出以"SUV在中国排名进入并稳定在前三名，使广汽长丰持续成为社会期待存在的企业"为目标。

　　2009年时，猎豹汽车在SUV排名是第11位，车型排名是第12位。

　　猎豹汽车一直偏重政府、部队等公务采购，个人消费市场薄弱，不利于做大规模。发现这一现象后，时任董事长李建新在全国经销商大会上提出营销思想，即"三个转型、两个提升、打造一流品牌"，从某种意义上也是他的经营思想。

　　"三个转型"，包括企业层面、产品层面和营销层面三部分：在企业层面上，从单一的SUV厂家向全系列乘用车企业转型；在产品层面上，从专业的SUV产品向普通家庭用车转型；在营销层面上，要从企业对团购客户之间的营销关系，向企业对大众客户之间的营销关系转型。"两个提升"，要提升渠道的竞争力，提升服务质量和服务速度。"一流品牌"指把广汽长丰打造成为SUV领域的领军品牌，乘用车领域的主流品牌。企业围绕董事长李建新的经营思路，从商务政策调整、渠道管理变革和经销商能力提升三方面骤然出招，对经销商渠道进行了整顿与提升，把销售大区分拆成八个区域，实施"一区一策"的精准营销，并加快渠道向二三线市场下沉的步伐，深耕二、三级市场，还强化"顾客第一，经销商第二，广汽长丰第三"的理念，提出"广汽长丰，关爱全程"的服务口号，不断强化品牌影响力。

实践证明，当时对猎豹汽车的这一市场定位是准确的。重组的第二年，企业的销量刷新历史纪录，达到46698台，同比增长27.36%，超额完成经营指标，遏制了猎豹品牌边缘化的趋势，强化了猎豹汽车在行业的"SUV制造专家"形象，增强了"汽车湘军领军者"的企业品牌认知。

二次重组背后的"谜"

汽车业具有资金密集型、技术密集型特征，行业兼并重组在全球已成为一种市场常态，但作为一个汽车企业三年间被重组两次却不多见，而长丰汽车却有如此不寻常的经历。

一是股东间的战略诉求，差异巨大。

三菱汽车是广汽长丰公司的外方股东，"起了个大早，赶了个晚集"的现状成为它在华的尴尬。长丰汽车长期没有起色，东南汽车由于诸多原因无法迈上新的台阶。当广汽集团进入广汽长丰时，让它看到了与过去不一样的机会，变数由此而增加。

在产业政策导向下，国内行业都把自主品牌的发展提高到重要地位。当时，广汽集团试水的自主品牌广汽传祺有一个良好的开端，让广汽集团的自主品牌战略有更多的底气，也希望在产业政策的支持下，能有一个飞跃。广汽集团董事长张房有曾说："发展自主品牌才是广汽的最终出路，才能掌握自己的命运。"这说明广汽集团对自主品牌非常重视，而被重组企业的猎豹汽车自主品牌有产品格局、运营模式等先天缺陷，当然这些不是广汽集团愿意看到的，但是广汽集团偏重资本运营的动因之一，因为资本运营可以取长补短。

二是广汽集团整体上市受阻，跨越门槛所致。

广汽集团董事长张房有亲自担任广汽长丰公司的董事长，以显示广汽集团对重组的高度重视，合作前景虽然很美，却让广汽集团整体上市计划意外受阻。广汽集团总经理曾庆洪透露，广汽集团收购长丰汽车时曾向国家部委有关部门咨询收购长丰汽车29%的股份是否影响广汽集团整体上市，得到的答复是不影响。

当2005年《中华人民共和国证券法》完成第一次修订后，广汽集团已实施收购行为。这时，依照新的规定，广汽集团因为所占长丰汽车股份不足、同业竞争等原因造成整体上市受阻，只能考虑增持广汽长丰股份，但若超过广汽长丰股份的30%，就必须全面收购所有股东的股份，收购成本测评为20多亿元。资本市场的门槛意外抬高，让广汽集团必须用新的政策推进A股的整体上市。

2011年，广汽集团启动第二次重组，实施换股吸收合并广汽长丰的方案，以每股广汽长丰股票换取1.6股广汽集团的

A股股票，广汽长丰退市，广汽集团A股在上证所上市交易。

2012年，广汽集团终于借广汽长丰的壳资源于回归A股，但这时距离广汽集团当初的规划已经晚了两年多。

三是重组期，长丰集团的战略适应性调整。

在重组初期，广汽与长丰尝试业务的整合。

常言道：大树底下好乘凉。当时，长丰集团除猎豹汽车SUV业务被广汽集团所掌控外，还有控股的安徽长丰扬子汽车公司的皮卡业务在自己控制下，也是盈利的业务板块。

在广汽集团的整车业务板块中，尚无皮卡，存在产业互补的刚性需求。广汽集团所重组的是，长丰集团的核心子公司长丰猎豹汽车，因为"易主"，这种格局下，让原来围绕猎豹汽车而构筑的零部件生产供应链体系被完全打破。

当猎豹汽车被广汽集团主导后，原先的零部件配套业务本应纳入广汽集团的供应体系，但广汽集团的整车零部件体系基本为中日合资的零部件企业，资源丰富、技术先进、质量高。相比之下，长丰集团"四大零部件基地"的缺陷一下子暴露出来，所产零部件不为广汽集团所接受，面临生存的危机。

为挽救自有零部件业务的危机，长丰集团与广汽集团进行多次沟通，双方各派驻项目组进行考察，随着进一步深入了解，双方分歧逐渐加大。因为，长丰集团的零部件企业大都与台商合作，广汽集团基本与日商合作，二者的业务存在竞争关系，还有供货价格等原因，这些都影响了双方的深度合作。

一年后，戏剧性的事情发生了。

2010年11月，广汽集团和日本三菱汽车在长沙市签署合资备忘录，双方将按照50%：50%的合资比例组建新的合资公司。长丰集团完全退出合作，组建成为一个现代零部件企业集团，于是，做强零部件业务又成为长丰集团的战略方向。按照当时双方的谈判约定，在整车领域，广汽集团对广汽长丰进行第二次重组，形成广汽三菱公司和长丰猎豹汽车公司两个企业；零部件领域，长丰集团和广汽集团在湖南组建各50%股权的汽车零部件投资公司和汽车商贸物流公司，合作发展汽车零部件产业和汽车商贸物流业务。在最初构想中，随着广汽三菱公司、长丰猎豹汽车公司两个整车厂产销规模的扩大，双方成立的零部件投资公司将大有作为。

面对出局的事实，长丰集团加快零部件集团的战略转型。李建新任命原长丰汽车总经理陈正初负责零部件业务的整合，并作为主要代表与广汽集团谈判，经过数月的谈判和运营，由于战略诉求差异、经营理念不同等原因，谈判再次无法深入。

究其原因，主要有两点。一是广汽集团重在上市壳资源，资本运营，高效整合资源；长丰重在实体经营，老国企惯性思维，难以转型。二是广汽集团来自东南沿海，敢于创新，会颠覆一些常规做法；长丰集团崇尚独立自主，不甘愿受他人掣肘。

2011年底，负责长丰集团零部件业务的陈正初辞职出走，到四川省一民营企业任职。长丰集团的零部件企业脱离了整车业务支撑，生存危机频发。同年，长丰集团旗下的17家零部件企业除一家盈利外，其余都亏损。

四是自主品牌，猎豹汽车何去何从？

2010年广汽三菱公司的组建浮出水面，这是多方博弈的结果。长丰集团完全退出整车制造领域，这消息犹如晴天霹雳，在数千名职工群众中引起强烈反响，这对员工来说是生计攸关的大事。

几家欢乐几家忧，员工心理呈现微妙变化。

管理层是本能抵制这种结果的。管理层明白，长丰集团的第二次重组意味着重大震荡时刻即将到来。这一次再重组将会把长丰集团近三十年积累的优势作嫁衣裳，上市公司的融资平台以及上市公司带来的在资本、品牌和形象的资源全部用尽，外方导入的SUV技术平台由此将形成断层。然而，最让人担忧的是组织机构的裂变，管理干部首当其冲，从高层到中层，无一例外。

对于基层员工来说，一部分员工仍留恋长丰集团时代，毕竟这家企业从小小修理厂发展成为现代汽车集团，让更多的长丰员工收获了财富，拥有更大的平台；而且一些员工家属也在集团所属的零部件工厂工作，一荣俱荣，一损俱损。另一部分"80后"的新员工与老员工想法不同，他们对近年来企业一直发展徘徊、项目失利等有看法，希望广汽集团主导企业后能带来美好的前景。

背靠大树好纳凉，广汽集团有雄厚的产品资源、地域优势以及雄厚的实力，风险抵抗能力强，或许这些原因，让部分干部员工在心底倾向于广汽集团。

在广汽长丰退市、广汽与菲亚特合资、广汽与三菱合资等问题上，湖南省政府起到了重要的协调作用。二次重组，虽然当地政府失去了长丰汽车，但也拿到了更具分量的汽车工业筹码。广汽三菱汽车公司、广汽菲亚特零部件配套园将配合湘潭地区的汽车工业园区，使长株潭城市群的汽车生产规模得到大的飞跃。2013年统计显示，湖南省的汽车产销量同比上升76%，其汽车总产值超过1200亿元。这样出色的成绩和广汽集团与长丰集团的重组密不可分。

长丰集团所属的零部件企业，当然不希望"第二次重组"发生，这些企业长期依附猎豹汽车主机厂，外部市场小，如果长丰集团退出整车制造，它们极可能陷入难以生存的困难处境。

广汽长丰的"第二次重组"激发了以前悬而未决的矛盾，这些矛盾困扰着这个历经沧桑的国有企业。广汽集团对其非常谨慎，寻找市场法则与企业文化的平衡，稳妥推进二次重组。其中义理之争、利益放大等矛盾表现出来。

按照广汽长丰第二次重组的设想，原广汽长丰的子/分公司将划为"合资品牌"与"自主品牌"两个独立运作的经济实体，这意味着这些企业与长丰集团再无任何瓜葛。这些年来，长丰集团在一些公共场合或正式会议上曾承诺过一些工资、福利等方面的待遇，由于发展不顺，这些承诺从未兑现，尤其福利政策执行不完善等问题更让一些员工内心滋生不满。例如，长丰集团曾在长沙市区兴建了几栋高层职工住宅楼，在分房政策上依据职务、职称两个硬指标，而造成一些文化程度不高或无职称的资深员工"靠边站"，相反一些凭借高文凭、高职称的新员工轻而易举地享受福利，此事一度让企业老员工们心生不满。现在，大部分老员工将归属新的企业，他们原来积累的矛盾由此而爆发出来。

近年来，企业员工的基本工资没有上涨，员工工资待遇是一个敏感问题，成为大家共同的利益诉求点，是重组绕不过的焦点。根据企业改制的有关法规要求，2011年6月，广汽长丰公司召开325名职工代表参会的第一届三次职工代表大会，主要议题是审议《关于广汽集团吸收合并广汽长丰股权及员工安置方案》，这是依照法规实施"重组"必须通过的关卡，会议地点位于长沙市雨花区的广汽长丰公司研发中心会议厅。会议前，广汽集团、湖南省国资委等高度关注此事，当地派出所安排干警蹲点，如临大敌似的，增加了几许紧张气氛。

会议前后进行了四天。第一次会议由公司工会主席许常广主持，按照议程，举手通过主席团、计票人等名单，对方案进行审议，但在方案讨论中，一些职工代表趁机提了许多具体诉求问题，这些都是多年来长丰集团经营过程中积累的一些问题，如星沙基地员工的工资水平低于行业水平、永州基地的无中餐补贴问题等，这些都是工资待遇、福利保障及历史性遗留问题，因为会议对职工代表的诉求没有实质性的解决方案，直接导致矛盾的爆发，职工代表"用脚投票"，第一次不记名投票结果，通过率在40%以下。职代会投票的重大"卡壳"，让广汽集团吃了个"闭门羹"，紧接着商议对策。据说，公司的相关领导以"攻山头"或"游击战"方式分头与职工代表沟通做工作，矛盾特别集中的"硬骨头"，甚至一对一地做思想工作，不做通，不开会。休会两天后，继续召开第二轮职工代表大会，公开不记名投票结果为93%，顺利通过了公司第二次重组的改制方案。

因国企多层委托代理制、产权不明晰的结构性缺陷，长丰集团在业务渗入长沙的行业兼并行为上留下了一些历史遗留问题。广汽长丰公司曾控股或参股企业共13家，从公司性质上，有国企改制的，有合资的；从地域上，有湖南的，也有广东的。这些不排除当年企业的体制改革因素，也造成长丰集团旗下所有的经营实体股权关系复杂，其股东有国有的，有民营的，有外资的，有集体的，甚至还有社团法人股等，彼此之间难以厘清的关系让广汽集团始料不及。

典型例子就是原长沙长丰公司。当初，长丰集团通过长丰汽车公司重组原长沙汽车总厂，注册成立"长沙长丰汽车公司"。该公司的股东有国有股、集体股，还有原重组企业的股份，后来长丰集团为了与三菱汽车进行50%：50%的全面合资，把原长沙长丰公司整体资产并入"星沙基地"，但其中的股权分割关系没有彻底分清。第二次重组时，原长沙长丰公司的清算、注销等问题便摆在桌面却没有明确的解决办法，这时，关于猎豹商标权价值评估、股东权益分配等问题便成为企业原股东据理力争的利益，这让广汽集团伤透了脑筋。

广汽集团启动"第二次重组"有其特殊的战略计划，既表现出它特定的想法，也表现出南方企业身上特有的精明。广汽集团一步一步地拓展其"大广汽"版图。广汽长丰实施的"三停"举措（停研发投资项目、停人员招聘和停技术改造）把广汽长丰的人、财、物全部变相冻结。

当整体上市遭遇"豁免权"的门槛时，广汽集团便马上抛开第一次重组的承诺，启动对广汽长丰的第二次重组，借用广汽长丰的"壳"资源，在沪上市，构筑了"A+H"的大融资平台。面对重组汽车核心技术缺乏，新产品投入乏力的状况时，广汽集团单方与三菱汽车亲密接触获得了梦寐以求的SUV资源，促成了广汽三菱合资公司的建立，等等。每一步都是精心设计，表现出一种商业的精明。

2011年11月5日，广汽集团与日本三菱汽车宣布，双方正式缔结合作备忘录，长丰集团完全退出新合资公司。

广汽集团和三菱汽车的合资合作让长丰集团转入"二次重组"，这一次来得太突兀，长丰集团彻底退出整车制造业务，几乎成为一个难以接受的事实。试想，长丰集团在整车制造业务领域纵横江湖20多年，原本为一方豪杰，现在，意外的重组却让其梦断长沙，丧失了主业。

纵然心有不甘，但作为一个省属国企，为了地方的产业发展大局，必须服从与配合。广汽长丰的二次重组牵涉许多职工、资产、业务等分割问题，必须得到长丰集团的积极配合，而长丰集团自然不会轻易地把多年的心血拱手相让。

按照二次重组的约定，长丰集团希望自己的零部件业务纳入广汽集团的战略框架之中，实行与整车基地生产的"捆绑式"发展，但广汽集团则以地方政府支持为"尚方宝剑"，"挟天子以令诸侯"。后来的结果为外界所看到，长丰集团的两个整车基地、一个研发中心等核心资源全部拱手相让。广汽集团承诺，按照市场原则共享零部件业务和商贸物流业务，这种博弈结果极不对称，前者是核心资源的彻底出让，后者只是相关业务资源的共享。

自主品牌是广汽集团追求的目标。对于自主品牌的重点关注也是国家产业政策的要求，广汽集团决定保留猎豹这个自主品牌，计划全盘划入经营传祺品牌的广汽乘用车下，显然，这种资源的调配符合打造"大广汽"的布局构想。按照相关协议，广汽长丰的永州基地归属猎豹品牌，广汽长丰的组织格局也发生裂变，一分为二，一部分资产用于与三菱汽车的合资，成立一个新的合资公司，另一部分资产用于广汽集团与长丰集团重新成立一个生产自主品牌的公司，这个品牌就是"猎豹汽车"，由"新广汽长丰公司"的企业生产，在运营上具体由长丰集团的人员负责。广汽集团公开表示，猎豹与传祺一样属于广汽自主品牌，纳入广汽的自主品牌管理。

广汽三菱公司于2011年6月成立，以SUV车型为首选，业务范围涵盖整车及相关零部件的研发、制造、销售与服务等，先期规划产能为25万辆，将投产帕杰罗、欧蓝德、劲炫、帕杰罗劲畅四款车。项目计划明确后，广汽集团组织精兵强将筹建新公司组建工作小组，广汽三菱项目组开始启动，迅速开展引进车型、运营计划以及生产能力计划工作，围绕新合资公司的组建开足马力开展各项工作，如技改土建3.17亿元、技改设备10.26亿元、新增设备0.23亿元等，计划总投入近15亿元。

2012年4月的北京车展，以广汽长丰公司为名义亮相了三菱汽车的ASX劲炫，被媒体披露是新公司引进的首款车型，它是出自欧蓝德平台的一款紧凑型轿车。对此，三菱汽车表示，未来广汽三菱公司将引入更多的新产品。

第六章

战略回归
重振整车制造业务

> 聚焦是一个企业成功的基本条件。凡事不聚焦，必然失败。
>
> ——巨人集团总裁：史玉柱

当历史的脚步跨入2012年，长丰集团喧嚣一时的重组忽地平静下来。这时，一切都朝着预定的方向出发，结局是"三方和谐"：广汽集团通过吸收合并广汽长丰公司的"壳"，其股票从香港回归国内，成为行业内唯一一家在"A+H"实现整体上市的企业；日本三菱汽车与广汽集团合作成立"广汽三菱汽车公司"，成为广汽集团在湖南省继广汽菲亚特后的第二个合资项目；长丰集团则服从地方政府的安排，离开了资本市

场，离开了国际合作伙伴，以自身资源的交换承担国企的社会责任和实现应有的价值。

重擎自主品牌旗帜，艰难的回归之路

2011年度，长丰集团进入公司转制以来的"首亏"时期，有关数据表明，企业亏损总额超过1亿元人民币。当然，亏损原因不能全部归咎于重组，也有内部经营管理的原因。

明天企业何处走？

李建新说："2012年，企业要把重点放在企业体制创新和回归整车主业上来。"

怎么回归？仍是一团迷雾，仍在不断探索。

2011年12月31日，广汽长丰官宣正式退市，股票（代码：600991）随之被注销。

长丰集团是昔日国内轻型SUV越野车的先驱，如今的结局虽然算不上"出师未捷身先死"，也透示着某种悲壮。为了实施国际化战略，踏上资本市场的快车道。1999年企业开始启动上市，一直坎坷而行，好不容易挨过三年的上市辅导期，2004年进行IPO，在沪上市，当年恰逢国内股市大萧条，同时又遇上行业的第一次冰河期，猎豹汽车的产销严重受挫。2005

年后，企业极力改革，希望通过融资方式推进国际化战略，由于众多因素，不仅三菱汽车不支持，其他股东也相继退出，把融资助推战略之路无情封死，也让资本市场成为长丰集团战略转型的"玻璃窗"，只能透视远观。

2011年，长丰汽车上市后第7个年头。当年，长丰集团召开退市的最后一次董事会。会上，李建新满怀感慨地说："如果作为长丰集团，我们的选择将会是'反对'。一方面，在吸收换股方案通过之后，长丰猎豹将失去上市公司融资平台；另一方面，星沙工厂也将成为广汽三菱的基地。"但是，作为国企的领导人，政治责任促使他必须服从。实际上，当时会议上，长丰集团的两名董事，一位李建新，另一位是时任广汽长丰公司党委书记王河广，他们在决议投票时都选择了"弃权"，以一种隐晦的方式表达内心复杂的心情。

有人认为，广汽长丰的退市，成为长丰集团的一次严峻考验，这导致企业的融资平台、技术平台和生产资质全部丧失，看家的功夫全部被"废"。

也有人认为，企业选择了最佳的退市时刻，因为国内汽车市场竞争更加激烈，猎豹汽车的产品力已形成另一个拐点，如果继续经营，未必有更好的结果。所以，企业选择在业绩天花板时退市，并且转让股权价高，这笔买卖应该还是合算的。

不论怎样，木已成舟，长丰集团必然悄悄离开。根据《关于重组的补充协议》相关规定，广汽集团承接了广汽长丰公司的全部资产、负债、业务、人员、合同及其他一切权利与义务。这样一来，原长丰集团旗下约2/3的资产及员工全部由广汽集团兜底，3000多名长丰员工重新分流安置，30亿元左右的资产将重新分割，由此，这所老国企身上积累的问题或矛盾一定程度上被涤荡，客观上带来了一次思想观念的较大冲击。这也许不是当初长丰集团管理层所能料到的。从一定角度上来说，这种重组非常有利于企业下一步的改革发展。

换句话说，长丰集团多年沉淀的管理积弊以这种方式实现了转移，比较彻底地卸掉了一些历史包袱。从这个角度来说，长丰集团虽然失去许多，但也不是颗粒无收。

地处安徽省的长丰扬子汽车公司，是长丰集团控股的皮卡车整车制造企业。

2011年2月，长丰集团从广汽长丰公司收回安徽长丰扬子汽车制造有限责任公司产品的销售权，注册成立了"长丰扬子销售公司"，重新建立和理顺营销网络，形成200多家特约经销商和500多家特约维修站的格局，完全控制了企业的整个生产经营业务链。年底，皮卡车产销业绩取得长足进展。企业生产皮卡10218辆，销售皮卡10042辆，同期增长了27%和26%。

前面也谈到，安徽长丰扬子汽车制造有限责任公司是国际化战略实施的产物，这个企业虽然吸取了猎豹汽车的技术成分，但毕竟SUV与皮卡是两种平台的产品，通用性与互补性均不强，造成长丰皮卡产品在动力性能等方面始终难有较大的技术突破。在激烈的竞争市场中，它与江铃、长城、福田、吉奥、中兴等皮卡企业相比，存在产能小、产品老化、质量不稳定等突出问题，发展空间非常有限。

2011年，长丰集团旗下的13家零部件公司，仅有2家企业盈利。

在当时全球化竞争的产业大背景下，汽车行业的全球采购性有助于更好降低成本。出于区域优势、成本的考虑，伴随着猎豹汽车的发展，长丰集团希望能探索出整车零部件采购的"第三条道路"，少数关键零部件自己制造，对大部分非关键零部件注入少量资金作"杠杆"，撬动外资与民间资本，这种"以小搏大"的方式曾在一段时间内显现出可观的商业效益，实现零部件企业的投资与扩张，投资的零部件企业赚得了真金白银。长丰集团的零部件投资战略也切合了汽车产业的勃兴时机，曾吸引了东南亚及中国香港、台湾地区等的零部件制造商的目光，一些企业纷纷前来合资合作。

重组期间，广汽长丰公司对猎豹汽车配套零部件厂商大力削减成本，在原成本基础上，下降幅度超过30%，这些企业马上陷入经营困境，利润指标纷纷"飘红"，一片惨淡。

岁月沧桑，世事难料。二十多年前创建的猎豹汽车品牌，经过短短四年的重组后，将要被抹去"长丰"的烙印。

何去何从，长丰集团这家老牌汽车厂商已经没有更多的选择。是否能顺利重返阔别已久的整车业务，猎豹品牌能否起死回生，再次破茧成蝶。这牵引着人们的神经。

当广汽长丰公司股票退市被上交所证券会议确定后,"老字号"猎豹品牌的去留便被提上议事日程。

按照第二次重组的约定,猎豹汽车属于SUV自主品牌,由广汽集团旗下的广汽乘用车公司全权经营。广汽乘用车公司在广东省,缺乏经营SUV业务的团队,能不能持续经营猎豹汽车,一些人开始投出怀疑的眼光。

猎豹汽车,是长丰集团倾力打造出的自主品牌,曾是我国汽车工业史上的一道光环。

回顾猎豹品牌的由来,有浓厚的历史价值和现实意义。从最早涉足造车的1984年起,时为中国人民解放军第七三一九工厂开始试水,就立下打造民族汽车的宏愿。后来,企业成功牵手日本三菱汽车时,一直坚持民族底线,坚持自主品牌标志,让悬挂猎豹商标的产品驰骋大江南北。即使企业处于困难时期,面对外界的种种舆论压力,长丰集团一直旗帜鲜明地亮出猎豹的品牌身份。2009年,为促进当地汽车工业发展,长丰集团主动出让猎豹品牌,广汽集团顺利重组长丰汽车。

除重组的SUV业务外,长丰集团旗下还有其他业务板块,共14个子分公司,总计约3000名员工。如何让子企业生存下去,降低重组的负面影响,这是湖南省政府和省国资委必须面对和考虑的问题。

长丰集团出身行伍,军队的强硬和刚毅成为企业精神的特质。李建新本身也有股不服输的精神,军人果敢的秉性让他勇敢地站出来,呼吁、奔走,希望猎豹品牌得到全社会的关注和支持。

幸运地，长丰集团要重拾旧业，回归整车制造业务的想法得到了湖南省政府和国家有关部门的大力支持。脚步开始迈出，猜想变成现实。

如何实现整车业务的回归呢？

行业的竞争加剧，行业的洗牌加速，基于避免产能过剩和重复建设的目的，国家对汽车生产资质审批异常严格，如不审批新的整车投建项目，不允许企业在异地建厂。

"准生证"成为企业回归整车业务面临的第一道关卡。

2012年，在国家相关部门严控生产资质发放的大前提下，长丰集团与广汽乘用车公司全资成立了"永州猎豹汽车公司"，这个合资公司生产猎豹汽车，生产经营权归长丰集团所有，但猎豹汽车的生产资质仍归属广汽集团。

在双方成立的合资公司组织构架上，长丰集团委派总经理、生产与技术副总经理，广汽乘用车公司委派质量副总经理，专门管理产品质量，负责产品合格证制发、三C认证、公告目录等工作。猎豹汽车的产品合格证签盖赫然为"广汽乘用车公司"，这如同某户人家生了一个孩子，却上了别人的户口簿，的确有些尴尬。

重重困难面前，生产资质如何解决，是企业必须回答的一个重要课题。

遭受二次重组的冲击，猎豹汽车的内外资源已远不如往昔。

老产品重上沙场。

细数猎豹汽车的产品，无一不是十年前的产品。主打产品仍然是猎豹黑金刚三款车型，还有猎豹奇兵两款车型。另外，猎豹CS7、猎豹CS6和猎豹飞腾均已停产。在皮卡产品上，有飞铃、飞扬、CT5等六款车，这些产品基本是2005年前后的陈旧产品，只有CT5是2009年前后开发的，也因产品质量不稳定、产品瑕疵多曾被市场用户诟病，销量平平。

可以想象，这样的产品结构没有多少实力，要在激烈竞争的市场中分得一杯羹谈何容易。更何况，三年多的重组变故已造成零部件供应商队伍的分化：一部分实力强的供应商转向加入广汽三菱，或与其他企业的配套联盟；另一部分大多是规模偏小、实力不强、工艺薄弱的供应商。这些因素，从客观上加剧了猎豹汽车产品的质量下滑趋势。

技术陈旧老化。

近观长丰集团的技术实力，让人为之捏了一把汗。

如果说技术积淀的话，由于数十年的军械修理在车船刨铣方面锻炼了一批机械加工骨干，在汽车制造中也培养了一批精通冲压、焊接、涂装、总装四大工艺的技术力量，但其他人才却捉襟见肘。由于重组，长丰集团十多年锻炼出来的技术骨干人才，大部分流失，如当年开发CS6底盘的12名技术人员，现只留下3人。

此外，由于长丰集团原研发中心全部转让给广汽集团，没有自己的技术研发中心。当时，长丰集团曾控股的北京华冠技术开发有限公司由于股权原因而无控制权。企业拥有的制造工艺人才，主要集中在永州基地技术部，代表产品为三菱汽车帕杰罗V31、V33，显然，此技术已明显陈旧，跟不上市场的发展步伐。

制造设备日益老化。

猎豹汽车生产设备的老化成为一个客观事实。永州基地冲压、焊装、涂装和总装四大工艺设备始于1995年的技改工程，竣工于1998年。理论上，汽车生产设备的使用寿命周期是十年左右，时至2002年，前后已逾14年，部分冲压设备、焊装设备"带病工作"严重影响产品车壳外观、钣金件等精度，以致影响实物质量。另外，重组造成员工工作主动性下降，生产设备的保养等也跟不上。

特别是企业的项目投资回报少，掏空了企业多年积累的老底，还有数十亿元人民币的债务，偿还银行债务的压力大，致使银行对长丰的项目扶持力度明显降低。

之前《工人日报》等媒体对长丰集团多次报道，诸如《猎豹跃风流》等文章也在《湖南日报》《求是》等权威报刊陆续推出，曾让企业好评如潮。正如歌曲所唱，"好花不常开，好景不常在"，后来除了参加北美底特律车展和合作重组事件，媒体有些集中报道外，其他很少见诸报端。

如今长丰集团回归整车业务，几乎不见媒体的影子。或许所处现状让企业没有新闻焦点。放目四望，无不是"短兵相接"的搏击竞争，长丰集团要重拾旧业谈何容易，这让媒体难以关注。

重组期间，企业骨干队伍受到了重大的冲击。

重组那几年，企业每年都有爆炸性的消息出现。例如：广汽集团入驻长丰汽车、长丰管理层交出控制权；广汽长丰公司冻结停止一切项目投入和人事；广汽集团与日本三菱公司合资；长丰集团完全退出整车制造业务；广汽长丰公司"退市"消失、合资品牌与自主品牌分开运作；等等。这些事件对于在一家老国企里踩着节奏过日子的职工来说，像一个个炮弹从天而降，炸得员工有些晕头转向。眼前的一切来得那么突然，又都是那么重要，关系企业的存亡和员工个人的饭碗。员工队伍由担心变成抱怨和失望，一些恐慌情绪开始在企业中蔓延。

那几年，企业共有100多名核心骨干离开。骨干人才的出走成为一种无法遏制的态势。这些人才分别来自长丰集团总部、广汽长丰公司及其他零部件公司，涉及产品开发、生产制造、财务、项目管理、质量控制等业务。

企业研发中心的一般技术人员也陆续离开。2012年，广汽长丰"分家"时，160多名技术人员留在广汽三菱公司，仅28人回归长丰集团。

这些让长丰集团高层始料未及，一定程度上动摇了长丰集团回归整车业务的信心。

但是，李建新丝毫没有退却，依然谈笑自若，决心与猎豹汽车共进退。

顺利回归，猎豹出发

发展是硬道理，稳定压倒一切。政府有责任协调好各方关系，把这个老国企安顿好，重整旗鼓再出发。

在粤、湘两地政府的支持下，国家相关部委开了"绿灯"，广汽集团让路。广汽长丰2000多名员工又重回长丰集团。企业重掌猎豹汽车所有权，正式回归整车制造业务。

长丰集团与广汽集团合营"猎豹汽车"的谈判加快进行，双方很多信息的交流都是悄悄进行的，快马加鞭地往前赶。大家有责任厘清资本、品牌、业务等界限，让企业安心做自己的事情。在长丰集团主导整车业务的框架下，长丰集团出资从广汽集团手中回购原"广汽长丰"永州基地的全部整车资产、"猎豹"品牌商标所有权。两年内长丰集团通过对外合资或其他办法，取得生产资质后，广汽集团退出与猎豹汽车相关的全部业务。

2012年2月，长丰集团召开"中层管理干部任命会议"，紧锣密鼓调整组织机构。把机关总部的战略定位由原来的投资管理型变为生产经营型，按照"精简高效"的原则设置职能部室，把原来的"处室"改为"部室"，如原政工处分设为人力资源部、党群部，增设了商品企划部、采购部、技术质量部等具有生产经营职能的部室，以与生产基地对接，更好地实施生产经营的具体任务。

广汽集团与长丰集团合资的"永州猎豹汽车有限公司"成立了，长丰集团委派的经营团队到位，企业回归整车业务的序幕正式拉开，重新开启制造汽车的征程。

这时，已过知天命年纪的李建新十分清楚当前长丰集团的人才、技术、融资等不到位，区域优势也不复存在，造车几乎"从零起步"。

产品销售是"龙头"，是整车企业最强劲的拉动力。汽车销售是一个整车企业的重头戏。2012年5月，初始回归的长丰

● 2012年春天，长丰集团回归整车主业，召开新任领导任职会议

集团召开"猎豹汽车营销誓师大会",李建新出席并作了讲话,发出"猎豹汽车再度出发"的最强音。他希望全体营销人员发扬军工企业敢于拼搏的精神,在市场上打出漂亮仗。

客户是上帝,产品竞争力的高低决定用户的最终选择。猎豹汽车的产品竞争力还有待提高,尽管猎豹汽车曾赢得"中国越野之王"的美誉,但之后一直裹足不前,让曾经痴迷猎豹汽车的用户一度失望。在一些关注越野车的消费者头脑中,他们有的认为猎豹汽车不过是三菱帕杰罗车型的经典翻版,其发动机、底盘等核心技术基本依赖于三菱汽车,自身技术并没有多少闪光的地方。

细数猎豹汽车产品,两个整车平台、10多个车型品种,家底是薄弱的。

第一个平台:猎豹QCAR平台。该平台的黑金刚系列产品,2000年前后开始投放市场,十多年后仍是主打产品;其他产品如猎豹CS6,因为尾门缺陷一直未被市场认可,处于半停产状态。

第二个平台:KR平台。该平台为小尺寸的SUV产品,如猎豹飞腾、猎豹CS7,由于外形短小、售价高、性能弱等,日渐被市场冷落,有的还处于停产状态。

由上可以看出,企业产品包括猎豹黑金刚系列3款车型,以及猎豹皮卡的6款车型,都是陈年旧品,前景非常不乐观。

"技术第一"是企业兴企的战略。李建新决定让技术人才撬起产品的天平。

首先，从用人开始。原广汽长丰公司研发中心回归的技术中层骨干全部被重用：原研发中心的主任贺四清出任长丰集团控股的风顺车桥公司总经理；原研发中心的技术总监任北京猎豹汽研院的平台总师；原研发中心的综合部部长出任集团技术质量部部长；原研发中心的整车部部长出任产品开发部部长；原整车部某科长任北京汽研院的副院长；等等。

原广汽长丰公司负责项目管理的技术骨干承担了重任，负责长丰集团猎豹Q6、CS10等重要车型的项目协调管理。

其次，工程技术人员工资待遇优于其他人才。

在长丰集团的薪酬体系中，工程技术人员的工资比其他专业人才高一两档；从事产品设计、工艺设计等岗位的工资则更高几档，以此激励工程技术人才积极性的发挥。

尽管在事业上、待遇上倾斜工程技术骨干，但最关键的是企业缺少先进技术来源和政策资源支持，猎豹汽车的生存仍然步履维艰，很快又露出了颓废趋势。就在企业回归整车业务的第一年，又有部分技术骨干出走，其中有长丰扬子公司的总经理、财务总监、冲压部部长，长丰空调公司的总经理以及永州猎豹公司的涂装部部长等。

2013年，回归整车业务，是长丰集团给外界一个响亮的声音，也是提振企业发展信心，转变式微形象的迫切需要。

车展，成为企业的一个完美切入点。2013年春天，长丰集团在上海国际车展上高调地推出猎豹汽车的"家族化脸谱"，引起了汽车业界的关注。企业展出了全能型SUV猎豹飞腾C5，从前脸"豹跃式"风格，格栅设计，到豹眼式前大灯，无不凸显出猎豹汽车无所畏惧、勇往直前的精神，完美地展示了猎豹汽车"家族化脸谱"的特质。猎豹"豹跃式"家族化脸谱惊艳登场，向外界鲜明地展示了猎豹汽车的未来家族化、统一化的意志。

从某种程度上来说，猎豹飞腾C5是长丰集团建立在20多年SUV研制基础上的积淀式飞跃，传递出一种具有时代感的品牌战略思想。

无疑，猎豹汽车的"豹跃式"家族化脸谱，不仅是自身的一次品牌跃升，更是塑造中国专业全能SUV文化图腾的一次尝试。

在展出猎豹汽车"豹跃式"家族化脸谱的同时，李建新宣布了"猎豹汽车重新起航"的宣言，他坚定地告诉大家，未来，长丰集团在做专业越野车的前提下，将进一步拓展小型SUV和城市SUV，轿车短期内不再涉足。在越野型SUV上，从现在的全能型SUV到下一步城市型SUV，长丰集团对此聚焦并深化。猎豹汽车未来3年的事业计划将聚焦SUV与皮卡市场，到2015年销量达到15万辆，营收突破100亿元。

为让客户更好理解与认同产品的体系化和品牌化，长丰集团对全系产品的名称进行了梳理。上海国际车展上，企业营销负责人披露，猎豹汽车将命名规范化，大致分三个系列：原专业越野SUV归于黑金刚系列，全能型SUV归于飞腾系列，原

第六章：战略回归，重振整车制造业务 / **149**

皮卡归于T系列，以此来强化猎豹品牌的市场认知度。

上海国际车展上发出"猎豹汽车重新起航"的宣言，"家族化脸谱"的品牌形象公布于天下。那么，用什么样的产品吸引消费者则成为非常现实的问题。

先是从产品更新入手，实施"老产品更新，新产品开发"并举的产品战略。

李建新亲任公司产品战略委员会主任，优化整合各种研发资源，强化以市场为导向、以控制开发成本为目标、以确保质量为根本，重新确立了自2009年重组后一度中止的研发管理体系，重新规划猎豹汽车所有车型改进和全新开发的工作。

首先，采用国际通用的家族脸谱式强化猎豹汽车的形象，在品牌形象宣传上采取更灵活的策略。其次，组织对现有猎豹

◉ 2013年，上海国际车展上猎豹汽车"家族化脸谱"亮相

汽车产品进行性能优化和局部改型，适应当前市场消费的潮流。猎豹汽车的改进升级可谓百废待兴，工作繁多，据统计，仅产品改进车型就包括各类项目16个。接下来，不断加快整车项目建设。在永州基地现有生产线的基础上进行适应性技改，实施飞腾车搬迁技改项目。2013年，猎豹飞腾成功复产，并上市销售。

有了产品基础，品牌梳理立马跟上。长丰集团根据市场消费需求，合理调整和优化销售区域，强化猎豹品牌力的影响。长丰集团迅速调整产品战略非常必要。众所周知，猎豹汽车在市场上销售十多年来，一直没有产品升级。即使在中国大陆风靡二十多年的老三样（捷达、桑塔纳和富康汽车），也应顺潮流而变。2012年，捷达、桑塔纳与富康汽车全部换了脸谱，以全新的外观和优化的性能投放市场，赢得了中国消费者的"芳心"，这三款车型的销售一直高居我国乘用车年度排行榜的前十名。

猎豹宣布起航，销售市场如何突破，为众目聚焦。

那么，谁来主抓营销呢？

首先是销售团队的组建。李建新的目光锁定在三个人身上。第一个人选是姚志辉，曾任长丰汽车、广汽长丰等销售公司总经理；第二个人选是胡清林，曾任广汽长丰公司销售副总经理、三菱汽车销售事业部总监等职务；第三个人选是王卫兵，曾任长丰汽车销售副总经理、长丰扬子销售公司总经理等职务。

当猎豹汽车的销售组织格局正式出炉时，大家发现，曾任广汽长丰公司销售总经理的姚志辉出任长丰集团总经理助理，分管整个产品销售业务；胡清林任销售总监，兼任营销总部部长，侧重猎豹SUV业务；王卫兵任销售总部副总部长，侧重猎豹皮卡业务。

以上营销英才如此搭配，看似非常合理，三人却因为个性特征、营销思路等相异，为以后的冲突埋下了隐患。

胡清林，原为奇瑞汽车公司的一名大区销售经理，后被长丰集团高薪聘请过来，专司长丰帕杰罗三菱品牌的销售，曾有不菲的业绩。如今，他负责猎豹汽车SUV产品营销，个中的困难一下子显现出来。前期，他一直从事中高端的国外品牌即帕杰罗V73、V77的销售，现在突然转向中低端猎豹汽车品牌，难免有一些不适应。胡清林执掌猎豹汽车的销售重任后，主要领导李建新、刘康林等全力支持他，并亲自陪同他到营销现场办公多次，如与营销骨干沟通、召开营销誓师大会等。

然而，面对猎豹汽车日益老化的产品现状，胡清林陷入事业上难以跨越的高山。胡清林作为一名职业经理人，有其鲜明的管理思路，他的思路与分管领导产生了很多分歧。如对猎豹SUV的网络布局、经销队伍管理等，他都希望借鉴原帕杰罗品牌的销售经验。对于猎豹皮卡的销售，他的营销策略也与一些大区经理难以达成共识。在他任职期间，他那种稳扎稳打的销售思路被莫名其妙地"拦截"，部分销售区域经理并不听其指挥，一些高层领导开始插手销售业务。

2012年11月，长丰集团回归整车业务的第8个月时，面对猎豹汽车日趋下滑的销售现状，李建新挥泪痛下狠手，请胡清林"闭门思过"。销售业务暂由集团总经理刘康林主抓，姚志辉全力支持。

2013年初，姚志辉主抓营销工作，兼任营销总监。

当年5月，胡清林黯然离开，结束了他在长丰集团近十年的职业经理人生涯。

不论怎样，长丰集团在营销上尝试过许多办法，也有过一些创新。

◉ 2012年，时任长丰集团营销总监的胡清林

胡清林执掌营销业务时，实施营销、研发、制造和服务的四维变革，开始调整营销策略，出台"拓网增量，服务创优"的营销措施，制定不同类型产品的营销策略，积极拓展一级、二级、三级经销服务网络，实现销售服务网络的扩张和下沉，拓展地市县新销售网络的力度，以及有针对性地投放广告。策划了上海国际车展、实施支援雅安灾区公益活动等，促进了品牌形象的提升，提高了社会的关注度。

姚志辉执掌销售后，进一步改变营销策略，推行"集中覆盖"和"小区域大市场占有率"的营销策略，将一级网点发展到地级市和百强县，把二级网络覆盖到绝大部分的县区。对不同地区实施精准规划，加大拓展地市县的网络力度，推进服务品牌建设，努力形成营销网络的新格局。进一步整合猎豹汽车131家SUV经销商和127家皮卡经销商资源，把一级网点的触角延伸到地级市、百强县，并保证大部分县区市场有猎豹汽车的二级网点。以此，构建比较完善的销售网络，扩大中低端自主品牌产品辐射的区域。

除此之外，企业还尝试各种销售模式，如直营店、合营店、厂家直销等，包括赊销、担保销售等，以"遍地开花"之势提升产品市场占有率。

就这样，处于"三线"的猎豹汽车坚持不断蜕变，一些改进产品逐渐得到了市场消费者的认同。

2013年12月，长丰集团旗下的猎豹汽车产销2.4万辆，同比提升25%。2013年度SUV排名第34位。

第七章

第四次创业
剑指"猎豹复兴梦"

> 大家可能觉得中联重科很顺，无论是体制改革，还是资本运作，几乎每次都踩到点子上，其实不然，中联重科的每一步都非常困难。
>
> ——中联重科股份有限公司董事长：詹纯新

2013年，中国的汽车行业竞争似乎更加激烈，广汽集团挟风雷之势的资本运营身影渐行渐远，已经挂牌成立的广汽三菱公司生产经营已渐入佳境。而长丰集团的回归整车业务之路似乎有些艰涩。

开启第四次创业，实施猎豹复兴计划

翻阅我国越野汽车的发展史册，会发现猎豹汽车身上有着厚重的民族情结。

多年来，长丰集团一直高擎自主品牌的旗帜。当初，无论是从军工机械修理转型造车，还是与日本三菱公司合作，抑或推进国际化战略，长丰集团都心无旁骛地发展拥有自主知识产权的民族汽车产品。二次重组中，广汽集团有意把猎豹品牌纳入自己的旗下，拓展其SUV产品线，但可能对猎豹汽车发展不利，长丰集团四处奔走，极力争取，不愿放弃属于自己多年打造的猎豹品牌产品。

有一个故事在企业内部流传。2004年，长丰集团积极与三菱汽车深度合作，引进新车型，增加股权。当时，三菱公司提出猎豹汽车一定要悬挂三菱汽车标志，李建新宁愿失去合作的机会也不让步，长丰集团义正词严地回绝了。

2013年，"中国梦"开始以一种简朴的方式遍布华夏大地时，长丰集团也开始描绘自己的企业梦。

这一年，长丰集团在回归的原广汽长丰公司员工队伍2000多人的基础上进行解构和整合，重新组建研发、采购、生产、销售等团队，重新定义了集团公司总部的职能，充实了经营管理环节的资源配给，正式回归整车业务。由此，企业第一次勾勒出"猎豹汽车复兴"的梦想蓝图，响亮地提出了"第四次创业"的战略目标，确立了"两年打基础、三年上台阶、五年大跨越"的发展战略。

借鉴主流媒体的做法，吸收中央电视台开展寻找"最美乡村教师""最美村官"活动的文化因子，企业党群部门开展"践行猎豹复兴梦，争做美丽猎豹人"的系列文化活动，围绕"猎豹复兴梦"的主题，组织策划了歌咏比赛、演讲比赛、舞蹈比赛、建企纪念日晚会等活动，形式丰富，吸引全体员工全方位参与，激发员工蕴藏心底的集体荣誉感，挖掘大家对猎豹汽车的深厚情感，凝聚了为猎豹梦而奋斗的力量。

2013年10月10日，长丰集团在永州基地俱乐部召开了"长丰集团建企63周年庆典暨'最美猎豹人'颁奖晚会"。晚会气氛热烈，展示了因"猎豹复兴梦"而生成的文艺节目，包括两首员工原创的歌曲（《猎豹复兴梦》《美丽猎豹人》）、朗诵诗《信念》、舞蹈《春暖花开》等。

李建新率领管理团队出席了晚会现场，并作了重要讲话。讲话中回顾了2012年长丰集团回归整车主业的工作，总结了长丰集团的军工精神，重点突出坚定发展信心，希望全体员工为实现"猎豹汽车的复兴梦"努力工作。

李建新说，长丰集团要坚定不移地推动第四次创业进程，追求猎豹汽车的伟大复兴梦想，包括加强新产品开发和老产品改进升级，加强猎豹品牌宣传和营销网络布局，加快整车和战略性新兴产业项目建设，在产品质量管控上要对标宝马汽车、现代汽车，实现"两年打基础、三年上台阶、五年大跨越"的质量目标。

此外，李建新还提出，未来几年，公司要一手抓发展，一手促改革，将通过导入现代企业产权体制、运营机制等方式，深化内部改革，打破固有的模式，来激发企业内生动力，突破困局，推动实现猎豹汽车可持续发展。

历史有时真是有趣。

2004年，李建新在长丰集团的年度职代会暨表彰会上，也是在同一地点宣布了长丰集团要实施国际化推动战略。十年

● 2013年10月，长丰集团全体高管亮相建企63周年暨"最美猎豹人"颁奖晚会，集体合影

后的今天，他又站在同一个地方，面对千名员工发出"猎豹复兴梦"第四次创业的倡导，前后之变，让人感慨，个中滋味，外人难以体会。

面对日益老化的产品现状，长丰集团加快新产品的开发步伐，希望能在短时间内快速升级产品，打一个翻身仗，但企业的管理现状、供应商队伍等却成为制约发展的不利因素。

长丰集团在《产品发展规划（2013—2017）》基础上，确立了以市场需求导向和低成本控制为目标，决定实施以品质与成本为基本维度的产品开发模式，集中资金上马产品开发项目，总共立项八个项目。

一是猎豹黑金刚Q6外饰改型项目——对原猎豹黑金刚（CJY6470）车的前脸造型改进；二是猎豹黑金刚Q6内饰改型及动力系统升级——对原猎豹黑金刚（CJY6470）车的内饰改进，并优化动力系统，包括动力性能、燃油排放等；三是猎豹飞腾C5手动型项目——对原猎豹飞腾（CJY6400）车的前脸造型改进；四是猎豹飞腾C5自动车型项目——对原猎豹飞腾（CJY6400）车的操控平台改进，配置自动变速器；五是飞扬皮卡外饰改型项目——对该皮卡前脸造型进行改进；六是飞扬皮卡货箱加长版项目——对该皮卡的货箱改进并加长一些尺寸；七是CT5改内外饰车型项目——对原猎豹皮卡CT5的前脸造型、仪表台内饰改进；八是猎豹汽车CS10项目——一个全新的城市SUV产品开发。

以上八个项目中，七个项目为老产品的改进与升级，猎豹汽车CS10是全新开发的产品。李建新兼任猎豹CS10开发的项目经理。

一个汽车产品的开发，一般需要企业产品设计院、采购部门、生产基地等部门的有效协作。猎豹汽车的开发在内部协同上遇上了不小困难，因重组原因，相关协作部门地域跨度大，难以步调一致。

猎豹汽车研究院是企业负责产品设计的部门，地处北京市；采购部负责零部件开发，地处长沙市；生产基地一个在湖南东南角的永州市，另一个则在安徽的滁州市。长丰集团缺少流畅而快捷的信息系统，当以上众多开发项目齐头并进，需要大跨度的协同时，国企各自为政的"山头文化"便开始暴露。例如，内部配合、积极合作只停留在嘴上，行动上却我行我素，让"有效对接"成为一句空话。另外，由于猎豹汽车多年来的小规模产量，让原有的一些供应商停止了合作，还有一些处于观望状态，不配合长丰的新产品开发，或响应速度比较缓慢，外部联动似乎又成为泡影。同时，在众多新项目面前，汽车研究院的技术能力也显出不足，在设计变更、设计交付的过程中，设计失误时有发生。

原定于2013年上市的猎豹黑金刚Q6外饰改型车，不得不滞后到2014年才上市，猎豹飞腾自动车型开发至今仍在试制中，飞扬皮卡外饰改型、飞扬皮卡货箱加长版等项目均有不同程度延后。

产品开发是一个系统工程，在企业内部，李建新多次强调要强化责任，严格考核，加快产品开发。但是企业技术实力、资源整合力今非昔比，并非凭一股精神就可以扭转局面。庆幸的是，李建新看到了问题的症结所在，他集中主要精力抓紧猎豹CS10的开发，并积极督促集团其他高管参与该项目推进，拓展项目矩阵式管理，跟进落实过程中的具体工作，取得明显起色。

新的政策法规下，新能源汽车是国内车企必须重视的新兴板块。国家法规显示，整车企业如果拥有新能源汽车，可以实现相应比例的折合计算，如《乘用车企业平均燃料消耗量核算办法》规定，对企业生产或进口的纯电动乘用车、燃料电池乘用车、纯电动驱动模式综合工况续驶里程达到50千米及以上的插电式混合动力乘用车，综合工况燃料消耗量实际值按零计算，并按5倍数量计入核算基数之和。以此可实现车企生产产品的平均燃油值总体下降，这是新能源汽车给高能耗车企提供的政策红利。长丰集团自然也不例外，想借助新能源汽车破局，力争扭转猎豹汽车惯有的高油耗形象。

长丰集团在重组前一直保留了新能源汽车技术团队。因为申报的整车油耗超标，2013年，安徽长丰扬子汽车制造有限责任公司被中国中机车辆技术服务中心点名批评，这件事是对猎豹汽车高油耗的一个警示。

面对这种困境，长丰集团重新布局新能源业务格局。2014年7月，在当地政府支持下，长丰集团组建新能源汽车部，任命黄伟博士负责新能源汽车的开发，开始以猎豹CS6为基型车进行混合动力汽车试验，同时在另一台小型车平台上开发纯电动汽车。在长沙经济技术开发区启动了猎豹汽车新能源项目，投资兴建猎豹汽车新能源汽车生产基地，第一期工程，建立新能源汽车总装车间、涂装车间和综合实验室。

就在启动猎豹新能源汽车项目不久，同年10月，工信部、国家发展改革委等发布了《关于加强乘用车企业平均燃料消耗量管理的通知》（以下简称《通知》），《通知》对"达不到车型燃料消耗量目标值车型停产、限产"等六项规定，高压措施督促车企高度重视油耗限值标准。2012年5月国务院讨论通过的《节能与新能源汽车产业发展规划（2012—2020年）》（以下简称《规划》）中再一次强调：2015年生产的乘用车平均燃料消耗量降至每百公里6.9升。这一标准比此前油耗标准提高了20%。很明显，这样"苛刻的"政策规定，对于猎豹汽车这样的高油耗越野车压力是可想而知的。

在回归整车业务中，供应商队伍建设成为一个尴尬问题。2005年企业开始开发一系列产品，因为设计、质量及成本等原因，几年后基本上为半停产状态，供应商不得不转型。近年来，猎豹汽车的经营形势不尽如人意，一些有实力的供应商主动退出，一些中等能力的供应商消极应对，能力较差的供应商则以各种方式拖延。所以，长丰集团现有供应商队伍基本上是松散而弱小的。这种严峻现状让长丰集团必须重新理顺采购、产品设计和研发的关系，加强供应商队伍的建设。为此，长丰集团构建了集团"大采购中心"雏形，重新整合采购部和生产基地采购部门的资源，强化零部件开发过程的质量管控，做好产品开发的零部件同步开发供应工作。

产品质量管理是企业遭受外部诟病的地方。长丰集团汲取了以前的教训，进行质量对标管理，确立了以韩国现代汽车、长城汽车为学习对象，研究和借鉴对标公司的质量管理优势，从产品开发、零部件供应、生产制造、技术工艺、售前售后、质量控制等方面入手，系统地制定质量提升举措，搭建一个在生产与售后服务之间的快速反馈与响应机制。

基于集团管控能力的强化，还启动了信息化建设项目，在原ERP建设的基础上，引入东风标准汽车的信息管理模式，建立与完善DMS系统、PDM系统等，突出信息化工程在价值链中的重要作用。

移动互联网时代，第三次工业革命给汽车产业发展带来新的课题，时代要求汽车更加人性化、制造更加灵活化、组织更加扁平化，这些深刻改变汽车行业的商业模式，也将逐渐改变汽车研发、制造、测试、销售、服务等环节。无法回避的是，越来越多互联网企业试水车联网，传统汽车制造商在积极拥抱移动互联网，这样的例子很多，如福特汽车基于AppLink的开发者计划，宝马将ConnectedDrive应用向开发者开放，等等。汽车制造业也为移动互联网带来庞大的服务群体和市场机遇，线上线下客户与厂商的互动格局可以改变整体供求局面。

在制造开发的创新上，平台化生产成为全球化的趋势，国内的江淮汽车、上汽集团、广汽集团等都实施了平台化制造战略。

令人费解的是，长丰集团仍是传统的经营管理思路。企业组织构架设计上，沿袭直线形的金字塔管理，管理层级最多达九层，响应速度慢、效率低；企业内部无顺畅的信息化平台；在开发、采购、制造、销售等内部供应链管控上，条块分割严重，部门墙现象突出；产业布局仍追求大而全。

2014年，长丰集团年产值不足40亿元，拥有16个子公司，涉及整车制造、零部件制造、汽车服务、房地产等行业。

2014年，由于国际经济影响，国内经济下行，汽车行业发展环境更加恶劣。在合资品牌的价格挤压下，自主品牌原有市场份额呈下降趋势，SUV市场面临被合资小型SUV的疯狂竞争。就在自主品牌销量"12连降"的时候，自主SUV却逆势增长，可圈可点。2014年1—11月，SUV累计销量超过360万辆，同比增长34.1%，在SUV车型销量前十排名中，长城汽车、长安汽车和比亚迪位居其中。在SUV细分市场超过30%高速增长期间，猎豹汽车却持续7个月下滑，销售成绩创下16年来新低。

2013年，中共中央全面开展党的群众路线教育实践活动，鲜明反对"四风"，着手政府公务用车改革。行政的强硬措施对于浸淫公务车市场多年的猎豹汽车非常不利，这意味着原有积累起来的销售优势、渠道优势瞬间锐减。在合资品牌渠道日益下沉的犀利攻势和自主品牌相互挤压下，猎豹汽车这个升级有些滞后的小众产品几乎无招架之力，再加上汽车召回、"三包"法规政策等压力，长丰集团的生产经营度日艰难。一线城市几乎不见猎豹的身影。长丰集团推出的猎豹飞腾（复产）、猎豹奇兵2013款、猎豹Q6、猎豹CT5等多款改进车型，尽管外观有些改进，配置上也有所优化，市场反应却不太好，让处在第三梯队的猎豹汽车遭受低迷的煎熬。

2014年，是国内SUV产品混战的重要时期。上半年，长安CS75、东风日产新奇骏、哈弗H8、奇瑞瑞虎3、东风裕隆纳智捷优6等20多个SUV新产品密集投放，搅动了本已火爆的SUV市场。下半年更是群雄争霸，仅在10月，海马S5 1.5T版、广汽本田缤智1.8L版、北京现代ix25等15个新车型投放，其中自主品牌占了8个（如海马、广汽吉奥、吉利、天津一汽等），这些车型除外观之外，动力总成、高特配置等也是亮点，与此同时，作为现代科技的代表"车联网"技术产品被广泛运用在自主品牌上。例如，吉利新帝豪率先搭载G-Netlink吉利智能车载系统和G-link吉利手机交互系统，比亚迪G5汽车配备了Car Pad车机融合多媒体。

相比之下，纵横江湖20余年的猎豹汽车，没有出彩的新产品问世，只在原黑金刚基础上推出了改型的猎豹Q6汽车，呈现在人们眼前的还是古典的方正外形，以及皮实的内饰配置，现代科技的元素乏善可陈。

2014年9月，国家发展改革委公布节能产品惠民工程节能环保汽车（1.6L及以下乘用车）推广目录，160多款车型中，超过六成都是自主品牌,却没有猎豹汽车。猎豹汽车的产品与市场定位、品牌诉求点等,似乎与当前的市场有些脱节,对接不上政府对汽车行业的救市政策。

猎豹汽车的价格也缺乏竞争力。依照人们对SUV产品的购买心理,从外观、尺寸、配置等全面来衡量定价,猎豹汽车的价格有些偏高。例如,产销10余年的猎豹飞腾,小型SUV汽车,定价仍在10万元左右;而合资品牌长安福特翼搏,其价格已下探10万元以下。又如,猎豹汽车的技术储备和动力配置劣势渐显,猎豹黑金刚仍配置沈阳航天公司的4G63、4G64等发动机,存在排放高、噪声大等缺陷。

一定程度上来说,猎豹汽车在品牌建设上时代性不强,缺乏鲜明文化格调,体系元素不多,在把品牌形象与价值有效传递给消费者方面还有较大发展空间。

再求生产资质

当长丰集团决定回归整车业务时,便一直在努力寻找"生产资质"的资源。

最初,与远在北方的天津汽车搭上线,初步意向是与天汽集团下属的天一汽车公司成立合资公司。天一汽车公司是天汽集团主产自主品牌的混合制企业,为国有与民营混合所有制企业。当时该企业的产品天汽集团美亚汽车的SUV月度销售量为100～200台，销售也不景气。当时天汽集团与长丰集团一拍即合。长丰集团指定曾任广汽长丰副总经理的章卫群为与天汽合作的项目负责人，想以双方成立的合资公司而获得生产资质，加快谈判进程。2012年6月，合资项目得到天津市国资委的批复，长丰集团准备派驻管理、技术骨干进驻天一汽车公司，打算将猎豹飞腾车搬迁到天津生产。

而这时的长丰集团碰上了一个难得的机会。2012年7月，工信部颁布了《工业和信息化部关于建立汽车行业退出机制的通知》（以下简称《通知》）。《通知》表明，当年在汽车行业将实现落后企业退出机制，取消车辆生产资质的"终身制"，也为改装车及其他乘用车、皮卡生产企业升级让出一个通道，允许改装车类生产企业升级为整车生产企业，条件是达到一定的门槛标准，如总资产、发动机生产能力等。行业新法规的出台，让长丰集团看到新的曙光。于是果断撤回与天汽的合作，立即对具有改装车资质的安徽长丰扬子汽车制造有限责任公司进行资源整合，启动整车生产资质的升级准备工作。

长丰集团启动对北京长城华冠汽车技术开发有限公司的重组。通过股权理顺，把北京长城华冠公司一分为二：一部分退出成立新华冠公司，以专业化的设计公司，社会化存在；另一部分成立猎豹汽车研究院，作为安徽长丰扬子公司的直属单位。猎豹汽车研究院的成立，不仅名正言顺地以一个整车企业的身份成立汽车研发机构，也及时满足了工信部新出台的有关改装车的政策规定，为争取生产资质打响了第一炮。同时，通过股比调整把具有发动机生产资质的湖南长丰动力有限责任公司划入安徽长丰扬子汽车制造有限责任公司，以满足具备发动机生产能力的《通知》法规要求。

接下便是整车升级生产场地的"硬件"要求。当年10月，工信部对于长丰集团以安徽长丰扬子汽车制造有限责任公司升级为整车企业的批复下来，为企业取得生产资质提供了"尚方宝剑"。安徽滁州市政府将长丰集团在安徽的整车升级技改项目列为当地重点工程。

2013年4月28日，长丰扬子整体搬迁升级改造项目开工仪式举行。项目位于安徽省东向发展战略的桥头堡、皖江开发的龙头地带——滁州市国家级经济技术开发区，总投资29亿元，占地面积985亩，建筑总面积19万平方米，包括冲压、焊装、总装、涂装四大生产工艺，建成后达到年产10万辆皮卡或SUV的规模。企业迅速从各子公司抽调工程技术精兵强将到安徽，技改项目的实施迫在眉睫。因为按照《通知》的有关规定，改装车企业的升级有时间限制，长丰集团必须在两年内把整车升级任务完成，否则，猎豹汽车将面临非法生产的尴尬境地。

2014年10月31日，受国家工业和信息化部委托，中国中机车辆技术服务中心专家组一行来到安徽长丰扬子汽车制造有限责任公司，组织对长丰集团旗下的安徽长丰扬子汽车制造有限责任公司"改装车资质"升级为"整车资质"进行现场审查。

通过两天的考察，评审专家组认为，该企业符合整车生产准入条件及考核要求。这标志着长丰集团的整车生产资质失而复得，安徽长丰扬子汽车制造有限责任公司将成为一个具备年产10万辆皮卡或SUV生产能力的整车生产基地。

企业体制改革的探索

国有企业的体制改革是一个复杂的课题，李建新长期任企业"一把手"，深谙国企的优势和劣势，多年来一直在探索国企变革的有效路径。

1996年，时为中国人民解放军第七三一九工厂称号的企业成功改制，抢得改革先机，建立了股东会、董事会、监事会和经营层"三会一层"的现代企业制度，开始推进"劳动用工、用人、工资福利"三项改革，实施全员签订劳动合同，逐步打破了国有企业的"铁饭碗"，也激发了全体员工的工作动力。改制后，长丰集团的全员生产效率提高很快。可以说，没有企业现代化制度的建立，也就没有猎豹汽车以后的辉煌。

2001年，长丰集团作为军队保障性企业移交湖南省管理。企业按照湖南省企业改革领导小组颁布的"1+11"文件，大刀阔斧地着手主业与辅业分离的改革，按照"发展壮大一批、改制搞活一批、关闭退出一批"的总体改制思路，通过整合内部产业资源，集中资源发展汽车。对长丰汽车股份有限公司加大投入；对一些非关键的子公司进行改制搞活，如对湖南长丰汽车沙发有限责任公司加大民营资本的引入；对发展前景不好，政策不鼓励的子公司实行关闭或退出，如长丰物流有限责任公司，国有资本完全退出、长丰橡胶制品有限责任公司完全民营化。同时，对永州基地的原集团公司职工医院、子弟学校等机构全部移交给当地政府，完成了社会职能的转移。

2007年，企业积极推行全员竞争竞聘上岗，这是激发组织活力的一个改革举措。当时，除集团总部机关和操作工人外，所属的子公司员工全部实现竞聘上岗，从总经理、党委书

● 2007年10月16日，由长丰自主研发具有完全自主知识产权的猎豹CS6在长沙星沙基地下线

记到生产一线的生产调度员、仓库保管员全部纳入竞聘岗位，打乱了原来既有的管理格局，一些思想保守、能力平庸的管理者被清出团队。因此，这是一个针对国企普遍的保守中庸、重关系门户等弊病的改革举措，指向鲜明。有些遗憾的是，由于操作过程中，受各种因素的影响，结果并未达到预期的效果。实际上，主要管理岗位基本上为内定，只有少部分基层干部实现了流动。总体上，岗位竞聘强化了员工的危机意识和市场观念，强化了岗位的流动性和竞争性，也使一些年轻有为的人才脱颖而出，为推动国际化战略奠定了人才基础。

2009—2011年，与广汽集团的两次重组，胜似体制改革。经历两次重组之后，长丰集团在业务布局、员工队伍、企业战略等方面都发生了前所未有的变化，从内到外都进行了全方位的解构和调整，这对企业员工影响巨大。

企业回归整车主业面临种种困难，处于战略徘徊期的长丰集团开始谋划新的出路。很明显，如果走老路，肯定是死路一条；老办法也行不通，必须脱胎换骨，凤凰涅槃，才能获得新生。

重组后的长丰集团，又处于一个改革的新起点。

李建新曾说过，民营企业的机制，国有企业的地位。民营企业的机制非常灵活，竞争力强，国有企业要向民营企业学习机制上的长处，发挥公有制基本经济制度框架下的突出优势，才有新的活力。国企有很多具体问题，想全部解决是不可能的。企业的经营管理无非从体制、机制、制度三方面下手。这三方面可分为三个维度。体制以产权为主题，以治理结构为主要内容，解决的是企业的利益格局问题；机制以经营为主题，以激励（约束）机制为主要内容，解决的是企业的动力和活力问题；制度以管理为主题，以人力资源管理为主要内容，解决的是企业的能力和效率问题。

长丰集团高管团队想到了"MBO管理层持股"，想到了管理层与员工同持股，想到了主动引入非国有股东等。然而，体制改革是产权问题，换个角度说，这是如何确定利益分配的改革问题。

经过几次内部酝酿，企业班子决心以一种比较激进的方式推进改革，通过管理层和核心员工持股的方式解决产权问题，然后通过对股东会、董事会以及经理层的重新设计，把企业优势资源集中在整车业务上，同时，对于非核心业务板块逐步退出或出售，获得宝贵现金流。在此条件下，企业重新设计机制，通过对技术、销售与管理核心骨干的激励和约束，焕发组织的活力。在多次讨论中，长丰集团改革方案初步形成，上报省政府和主管部门。但是，国家对于员工持股的改革方式尚无明朗的政策，为此，长丰集团的体制改革方案一直没有获得最终批复。

2012年11月，为鼓励高新技术企业发展，湖南省出台了《长株潭国家高新技术产业开发区企业股权和分红激励试点实施办法》（湘政发〔2012〕31号），这让企业的体制改革意外地找到突破口。长丰集团以此文件为蓝本，进一步完善改革的方案，积极争取当地政府的支持，终于敲开了湖南省改革领导小组的大门，上级主管部门也顺利地批复。按照批复精神，长丰集团可比照中联重科股份有限公司的改制做法，实施管理团队和骨干员工持股的改革，向混合所有制迈进。

以下是企业的改革轨迹。2012年12月，长丰集团召开了改制职工代表大会，审议通过了《长丰集团改革重组和激励方案》及相关附件办法（《集团公司及其下属投资企业改革重组职工劳动关系理顺保障办法》）等；2013年5月，湖南省国资委对方案进行批复〔《关于同意长丰集团有限责任公司深化改革和激励方案批复》（湘国资改组函〔2013〕57号）〕；2013年7月，湖南省国资委对《关于长丰集团有限责任公司深化改革，高管和核心骨干团队激励实施方案》进行批复（湘国资考核函〔2013〕87号）。至此，长丰集团实施深化改革和激励的行政审批程序基本完成，企业的体制改革历经三年多，终于顺利落地。2013年7月31日，由长丰集团各级高管和核心骨干团队出资设立了湖南金宏源投资股份有限公司；2013年8月29日，湖南金宏源投资股份有限公司与长丰集团共同发起设立湖南猎豹汽车股份有限公司；2013年11月，湖南猎豹汽车股份有限公司完成对长丰猎豹汽车有限公司和长丰投资有限公司的收购工作；2013年12月31日，新设立的湖南猎豹汽车股份有限公司运作4个月来，实现营业收入11.33亿元，利润7420万元；2013年底，长丰集团猎豹汽车（含皮卡）产销过3万台，猎豹汽车产销21221台，产值30.7亿元。复苏的生机在这所老国企躯体上悄然展露，初显改革成效。

长丰集团体制改革迈出了关键的一步，固然可喜，但前路漫漫。

在长丰集团的管理团队心目中，公司深化改革的终极目标是上市，成为一个公众公司。我们知道，国企改革上市将面临一些问题，而且，国企改革还面临企业家生理因素、道德因素带来的市场风险。国企体制改革完成后，如何建立有效的运营机制显得至关重要，尤其建立一套科学的激励机制最为核心。所有者对经营者的激励机制是核心中的核心，企业法人治理结构上，董事会如何激励和约束经营层，永远是一个重要而现实的课题。

2014年，新成立的猎豹汽车股份有限公司各项经营指标表明，这家混合制的企业并不是想象的那样顺畅，还要从机制中寻找深层次问题，如各项制度是否匹配、文化是否融合、利益是否共享等都会影响企业的经营与发展。

细分市场的巅峰，猎豹汽车的奋力一跃

"夸父逐日、山高水长，风霜雪雨、岁月沧桑，足迹里闪耀奋进的光芒。"

这是长丰集团员工创作的《美丽的猎豹人》歌词，此曲深情地描绘出企业艰苦创业的精神。"夸父逐日"是企业的图腾，寓意着猎豹敢于追逐，勇往直前。

但是，时代潮流浩浩荡荡，移动互联网大潮对传统制造业产生了颠覆性的影响，当苹果将诺基亚彻底击垮后，特斯拉的横空出世让人们看到了汽车行业的重大变革。

在以用户体验为核心的互联网思维下，汽车厂商必须在产品开发、市场营销等方面作出变革，以大数据为基础的互联网营销模式已成为主流，互联网迅速改变了传统的汽车营销和销售模式，让"车联网大战"变成现实。一扇全新的大门已然打开，移动互联网催生汽车的重大变革。汽车电子、智能汽车与IT/ICT信息化进行跨界合作。从一定意义上说，在不遥远的未来，汽车不再是单纯的交通工具，而是具备运算与通信能力的移动终端。

忆往昔峥嵘岁月，有一种越野叫"猎豹"，透过陈旧的历史画廊，古朴的越野版图让猎豹汽车有些沧桑。猎豹汽车是否能像以往的以"硬实力"逐鹿市场，这不由得让人担忧。在全球陷入SUV狂热和同质化的激烈竞争市场面前，猎豹或许还有一丝机会，不仅仅在于技术、成本、品牌，更在于新时代的战略大转身，开始在车联网技术、数字化营销方面迎头赶上。

面对国际汽车品牌的层层围堵，猎豹汽车能否冲出重围，让人担忧。

2014年末，SUV的激烈厮杀是汽车市场正在上演的大戏。

在猎豹汽车遭受严冬考验之际，自主品牌SUV却一反自主阵营颓败之势，让人们看到自主品牌莺飞草长、欣欣向荣的春天。

2014年11月销量表明，长城汽车H6、江淮汽车S3分别居前两名，而大众途观、本田CRV等合资品牌分别下滑。猎豹汽车却是"这里的黎明静悄悄"，每月销售1000台左右，同比下滑130%。原因何在？除了产品严重老化，重要的是猎豹汽车的产品定位与当前消费需求有很大偏差，眼下火爆的是城市SUV，尤其是紧凑型SUV，猎豹一直固守大尺寸纯正越野SUV，这类产品永远是越野发烧友"粉丝"钟爱的小众天地，非"80后""90后"心仪的集越野、时尚一体的大众市场。

2014年12月7日开幕的中国（国际）第十届长沙汽车博览会，长丰集团选择T07展台，一个比较显眼的位置展出了五台车：猎豹CS10、飞腾C5AMT、猎豹新飞扬、猎豹Q62015款和猎豹飞腾1.5MT。其中猎豹CS10，这台带有山寨风采又是自主产权的产品博得了观众的围观，它外形别致，造型时尚、风格迥异，成为猎豹"五兄弟"中的亮点。

媒体如此报道："作为采用承载式车身的SUV作品，猎豹CS10拥有动感外观及全新的技术性能，十分适宜城市消费者及年轻族群使用。"事实上，众多评论表明，这台车正面评价如潮。有人说，猎豹CS10改变了长丰集团多年来生产军用硬派SUV产品的传统印象，非常迎合市场需求。在外形上，它胜过长安CS75，有小路虎、小极光的影子，也有雷克萨斯、保时捷、大众"高大上"的痕迹。在结构尺寸上，长、宽、高分别为4663mm、1875mm与1700mm，轴距2700mm，切合当前主流都市SUV的尺寸规格。在动力上，搭载2.0T发动机，6档手动或自动变速器，这些闪光之处让大家有些心动。

前面也谈到过，猎豹CS10的整个研发工作由李建新亲自督阵，他对这台车充满了期待和信心。他说："这款车是长丰集团回归整车业务后的第一款城市SUV战略车型，从造型、舒适性、操控性、节油性和动力性都会有较好的表现。"

有人说，SUV是中国中产阶级的象征，SUV的主人可以实现"想走就走"的旅行梦想。业内人士认为，未来几年里，在汽车饱和度仍不高的我国，SUV必然还有一定的上升空间。长丰集团回归整车后专注于SUV，在市场定位上是正确的。

当年，长城汽车总裁王凤英说："在企业小的时候去找一个足够小的市场，但是这个市场要有一个很好的发展空间，我们就能够把它迅速做大。"长城汽车也是这样做的。长城聚焦SUV细分市场，不断加快产品升级、品质提升，不断丰富产品线，做得风生水起。

长丰集团在暗地里积蓄力量，在猎豹CS10即将量产时，也加快猎豹CS9等小型SUV的开发，这种产品布局是否在仿效长城的高中低"全覆盖"模式（长城高端的H9，中端的H6，中低端的H2、H1及M4），还是借鉴长安汽车、奇瑞汽车、东风柳汽的双产品线组合战略（长安CS35+CS75，奇瑞瑞虎5+瑞虎3，东风柳汽景逸X3、景逸X5），不得而知，但有一点是可以推测的，未来的猎豹汽车想要紧密贴近市场，扭转以往军车的"高大上"固有形象，必须从营销到产品，在成本、质量、配置等方面进行新的突破，增强个性化的附加值，才能在残酷的竞争中立于不败之地。

当时间的脚步迈入2015年，中国乘用车增速总体趋缓，市场竞争的压力似乎更大了。

4月20日上海国际车展上，长丰集团正式推出新产品——猎豹CS10，该产品发布后，一路逆势上扬，市场表现一度超过预期。这时，长丰集团突然高调起来，李建新在集团公司的工作会议上，高屋建瓴地提出了"下狠劲、韧劲、实劲"和"不松劲、不满足、不懈怠"的工作要求，用"三不""三劲"精神激励5000名长丰猎豹人忘我工作、奋发有为。

企业经营形势的逆转，不得不细说一下猎豹CS10这款"爆款"车型的故事。

研发人员日夜奋战为它奠定坚实的基础。猎豹CS10由新成立的位于北京的猎豹汽研院研发，源于国外流行的某时尚高档车型。2013年，刚成立8个月的猎豹汽研院200多名研发人员迅速集结，按照猎豹CS10项目书的要求，进入了紧急的备战状态。前期，从发动机标定开始，到油泥模型制造，加上CAE（计算机辅助工程）仿真分析等，猎豹汽研院的工程师兵分多路同时展开。同时，零部件标定工作则由车身工程部、电子电器部、动力底盘部等多个小组协调完成。后期牵涉到整车总体布置、人机工程学、尺寸动量等，由于要抢占时间，研发人员都是"6+1、白加黑"地工作。

据不完全统计，猎豹汽研院在CS10研发阶段累计加班超过13万个小时。2014年1月，CS10项目整车设计冻结，猎豹汽研院以高效和创新为CS10定下了成功基调。4月20日，猎豹CS10成功在上海国际车展发布后，猎豹汽研院共转化三菱标准为猎豹汽车产品标准116个，编制部门工作标准211个，修订技术管理标准9个，交付数模6065个，交付图纸25713张，交付报告2657份，5个平台共11个子项目的开发有条不紊，齐头并进。

大鹏一日同风起，扶摇直上九万里。有人总结，研发周期比以高效著称的日韩企业要短20%，甚至只有一般的欧美企业的一半时间。猎豹汽研院以闻令而动、闻战则勇的战斗热情，淬炼出迎难而上、愈战愈勇的意志，展现出百炼成钢的长丰军工精神。

企业主要领导身先士卒堪为榜样。为夯实猎豹汽车复兴基础，李建新决定迅速调整产品结构，理顺整车基地与零部件企业的业务边界，集中"优势兵力"，着力开发一款适应消费趋势的新品，猎豹CS10成为全集团的首要重点工程。

猎豹CS10作为长丰集团回归整车主业之后自主开发的一个全新车型，李建新丝毫不敢马虎，做到亲力亲为，经常性地深入基地，在生产一线坐镇指挥。

2015年3月22日，刚刚参加完全国两会的李建新深入永州基地生产一线。在焊装车间，火花四溅，格外耀眼。李建新与工程技术人员现场分析解决CS10侧围问题，还不时打开车门触摸焊点，检查防撞梁、前立柱等。5月中旬，李建新赶赴永州基地，专程了解猎豹CS10的量产质量情况。他听取质量工程师关于CS10装门间隙技术攻关等问题的汇报，并主持召开CS10项目协调会。8月3日，李建新顶着高温再次深入永州基地，当得知CS10日产量不断取得新突破时，他勉励广大一线员工，面对新挑战，继续发扬"勇于拼搏、敢打硬战、能打胜仗"的优良军企作风。李建新作为集团董事长经常与工程技术人员现场研讨，并亲自画图，这在业界并不多见。

在营销上，注重贴近客户思维，切合市场。在新产品上市前，集团销售总部制定了《CS10上市服务策略和应急方案》，成立"售后问题应急处理小组"等，这一系列新措施，让CS10产品更接地气，更好地服务用户。最重要的是，不断优化原有的营销网络，把网络管理、客户服务、营销推进、计划物流与市场策划相互配合、协同作战。

营销策略突出的变化是，原来营销渠道仅布局省会城市，现在根据CS10产品的定位，迅速把营销渠道下沉到二、三线城市。2015年9月，在原有116家经销商基础上，新增一线网店103家；对湖南、湖北、河南、山东和贵州五省的二级网店布局已实现"全覆盖"。

猎豹汽车开始提速，预示着长丰集团打响"复兴攻坚战"。

从行业趋势分析，由于移动互联网的纵深发展、国家新能源汽车政策的导向、新生代对汽车消费的追求等冲击，可以说2014—2017年是传统SUV最后一次上升期，猎豹汽车的确从行业消费把握、新产品研发、渠道建设、售后服务等方面进行全面发力，成绩是可圈可点的。

长丰集团产销成绩比较漂亮：2015年，全集团生产整车44511辆，销售42556辆（其中CS10销售36404辆），同比上升84.47%；实现营业收入超40亿元，同比上升33.03%，完成省国资委下达的年度考核指标的103.55%。2016年，猎豹汽车实现销量为9.32万辆。

2017年，汽车市场风向出现转折。有人说，2016年中国汽车2887.9万的销量数据背后，则是增量市场已渐变为存量市场，消费人群从首购变为更多的换购。消费者充分表达他们的"挑剔"，尤其是在细分市场领域，只有对不断变化的需求快速反应，才能及时吸引更多关注的眼球。猎豹汽车充分意识并抓住这一点，冲击市场的巅峰。

2017年上海国际车展，猎豹CS9上市参展，70家媒体出席发布会引人注目，明星汪涵、马可到场助阵CS9新车上市发布，现场人气爆棚，创下传播高峰。据统计，传播634篇次，网络首页率达100%，首页首屏率达92%。通过主流媒体此次的试驾体验及传播，多轮曝光，专业视角点赞CS9移动互联个性化实力，创造传播高峰，所有传播均为100%首页焦点图、100%首页率、100%首屏率，极大地提升了CS9的关注热度。CS10 1.5T和CT7柴油版陆续推出，尽管这两个车型是改进型的，但都是针对当时消费者对无级变速器、皮卡车的需求所推出的，使猎豹汽车的产品线日益丰富。

当年12月8日，猎豹汽车长沙公司投产暨新能源汽车下线仪式隆重举行。湖南省长沙市相关部门多位领导出席活动，来自全国各地的100多家媒体记者和猎豹汽车合作伙伴现场见证了本次活动。下线的新能源汽车猎豹CS9 EV定位"i-SUV"，是猎豹汽车面向移动互联时代推出的战略车型。新车外观年轻时尚，搭载一系列智能科技配置、丰富的信息娱乐系统，将成为紧凑型都市SUV市场的又一重磅车型，提升了猎豹汽车的体系支撑力和终端提升力，积极应对了整体市场下行压力，实现逆势增长。

2017年上半年，自主品牌城市紧凑型SUV销量为77.62万辆，同比大幅增长25.10%；紧凑型为当前城市型SUV中份额最大、增速较快的细分市场。猎豹汽车在自主品牌乘用车车企中，首次进入排名前15名行列。

数据表明，2017年的哈弗H6、众泰T600、东南DX7等1.5T车型均出现负增长，且下滑较严重。长安CS35，江淮瑞风S3等销量呈明显下滑趋势。

为保证猎豹汽车全线产品打翻身仗，营销团队打好如下四次战斗。

一是广宣战。提升品牌知名度和关注度，坚持"广覆盖+精聚焦"六字原则，拓宽漏斗上端。首先是电视聚焦，综合考量行业投放、平台力、观众习惯，聚焦央视体育类、新闻类频道；其次是网络，聚焦汽车之家和易车网两大核心网络媒体，针对CS车系核心竞品进行拦截广告投放，精准拦截，收割竞品潜在客户。

二是公关战。包括举办长沙工厂投产仪式暨媒体进厂参观活动，打造品牌大事件。结合猎豹CS10征战COC的越野赛事，进行传播和扩散。以官方"双微"为阵地，强化数字营销价值，创新内容和互动形式，为猎豹品牌"扩粉"，为销售服务商提供传播素材。构建厂商、销售服务商口碑，塑造积极正面的网络舆论。

三是CS9区域战。结合CS9上市，通过16场区域媒体试乘试驾会，引爆区域传播热点，进行快速"集客"；通过区域上市发布会和首批客户的再次宣传，设计了CS9异形展台和专属礼品，突出主力车型和体现对客户的关怀，增强终端客户与猎豹汽车的品牌互动。同时，加强皮卡运营模式的调整，开发认证二网及竞品皮卡综合销售展厅，实行皮卡授权销售。内部层面，省区执行强考核，与绩效和薪酬挂钩。

四是车联网和新能源车业务战。推出不断丰富的车联网产品，包括基本运维保障、新车型车联网的开发、车联网系统迭代升级优化等，提供卓越的客户体验，增强客户与猎豹汽车、与销售服务商的黏度。2017年推出两款CS9纯电动汽车，续航里程分别为150km和255km，准备搭建新的销售网络，并开发以租赁车、网约车等平台为主体的新型销售模式。

2017年，长丰集团内部文件这样描述道："天道酬勤，日新月异。"

第七章：第四次创业，剑指"猎豹复兴梦" / 183

这一年，公司认真贯彻"创新、协调、绿色、开放、共享"发展理念，围绕"坚持改革创新，提升品质效益，乘势开创猎豹汽车快速发展的新局面"的经营方针，加强"七大能力建设"，取得丰硕成果。2017年，猎豹汽车生产整车135682辆，实现整车销售125723辆，同比分别增长52.64%和38.94%；实现营业收入113.22亿元，同比增长28.98%；实现利润总额12.14亿元。长丰集团重新进入中国制造企业500强。

为迎接党的十九大召开，2017年，湖南卫视、湖南日报、

◐ 2017年上海国际车展，猎豹CS9上市，向新能源汽车转型。从左至右为：猎豹汽车副总裁彭江、湖南卫视主持人汪涵、猎豹汽车董事长李建新、长丰集团总经理刘康林、猎豹汽车副总裁兼销售公司总经理李昌斌

红网等主流媒体对公司生产经营和代表人物进行集中宣传，提升企业形象和猎豹品牌知名度，共刊载公司新闻218篇（次）。组织完成《长丰集团公司志》（第四卷）、《企业文化手册》、《猎豹管理日志》等企业文化建设的编撰工作，得到了省国资委高度赞扬。

2017年10月12日，湖南省国有企业基层党建现场会在长丰集团永州公司召开，长丰集团被授予"全省国有企业基层党建示范基地"。长丰集团"强党建、促发展"的成功经验在全省国资系统企业交流推广。

这个时期，李建新适时提出了猎豹汽车的"R50行动计划"，这是以"中国制造2025"为行动指南，制定的猎豹汽车"十三五"战略规划。总体目标：到2020年，猎豹汽车实现年产销整车50万辆，其中新能源汽车10万辆，猎豹汽车跻身自主品牌第一方阵。

第八章 时代的企业 一江春水向东流

没有成功的企业，只有时代的企业。所有的企业都要跟上时代的步伐才能生存，但是时代变迁太快，所以必须不断地挑战自我、战胜自我。

——海尔集团总裁：张瑞敏

人类正处于历史上变革最为激烈的时代，第四次工业革命正在席卷这个世界，对这个世界变革的力度，将会超越史上任何一次。

2016年以来，在智能化、网联化、新能源和共享出行技术的驱动下，汽车产业发生深刻变革，汽车将从出行工具演变为智能移动终端，成为承载消费者美好生活的第三空间。汽车产业呼唤新品种的诞生。国内外一些实力雄厚的厂商依托强大的科技力量，协同互联网、信息技术、新型技术，勾勒出全球化产业新的战略布局。传统燃油车巨头们已经逐渐形成共识，下一个战场的竞争将会在电动化、自动驾驶、数字化三个维度展开。百年汽车工业，作为人类工业文明程度达到巅峰的象征，正在承受着时代的洗礼，并必将发生翻天覆地的变化，也将承受着无与伦比的压力和荣光。

2018年1月，在拉斯维加斯举行的国际消费电子展上，时任丰田社长的丰田章男对外宣布，丰田将转型成为移动出行公司，不再锁定大众这样的传统汽车制造商为竞争对手，而是将苹果、谷歌、Facebook当作竞争对手。

2020年7月20日，在保定的哈弗汽车技术中心，魏建军宣布长城汽车将实现彻底的自我革命，完成脱胎换骨的改变，从传统的汽车制造商转型为全球科技出行公司。

传统汽车将走向衰落

大众汽车集团的CEO赫伯特·迪斯说："传统汽车制造商的时代已经结束！"

汽车工业历经百年，伴随着多轮技术和工艺发展壮大至今，迎来了第三次工业革命的浪潮。以信息化和互联网化为核心的技术革命，让汽车这个相对传统的行业，也裂变出更多的新兴产业机会。

一定意义上说，电动化本质上是让汽车从机械能时代正式进入了电力时代，相当于第二次工业革命。数字化，本质上是让汽车从电力时代正式进入了信息时代，相当于第三次工业革命。所释放出来的红利是，汽车成为智能终端，人们在汽车上，拥有了庞大的应用生态。然后，自动化，本质上是让汽车从信息时代正式进入了AI时代，相当于第四次工业革命。所释放出来的红利是，汽车成了真正意义上的机器人，同时将会驱动AI计算和全新的应用生态。

2019年春天，马斯克在上海临港产业区江山路5000号举行了特斯拉上海工厂的奠基仪式。但人们想不到这座工厂的建设速度会如此之快，只用了10个月就可以投产，1年的时间就实现了对用户的交付。随后，特斯拉启动了疯狂的价格攻势。

2020年1月3日，国产特斯拉发动价格攻势，基础零售价从35.58万元直接降到了29.905万元（算上该款车型享有的2.475万元的补贴）。传统汽车正在遭受来自科技势力的"降维打击"。这样的故事，在美国也同样上演了。

猎豹汽车，由于信息科技实力薄弱，即将面临难以转型的艰难困境。

李建新正式退休

2018年，是长丰集团经受重大考验的一年。

这一年，企业仍在不懈努力。当年5月，长丰集团在北京雁栖湖成功发布上市中高档新车型猎豹Mattu，这款车承载了猎豹汽车品质和品牌的使命，但由于发动机等问题，该产品没有得到市场认可。

此外，公司还开展了7个平台29个新车型的开发和老车型的改进升级项目，小型纯电动猎豹CS3 BEV即将量产。

为应对汽车市场的急剧变化，猎豹汽车开始推行销售服务商和公司直营店双渠道营销策略，成立的30家直营店12月终端销售了1077台，开始成为公司销售数量的重要支撑。与新华社新媒体中心的战略合作，开启以互联网营销传播为重点的品牌推广。

同时，长丰集团还尝试汽车金融业务，通过资本运营，在深圳前海注册成立了国晗融资租赁（深圳）有限公司，与建设银行、邮政储蓄银行等金融机构合作开展助贷业务，在部分城市试点运营。

然而，这一切努力难以应对"新四化"汽车浪潮对传统汽车市场的严峻挑战。

2018年，长丰集团的猎豹汽车共实现产、销整车61900辆和65186辆，营业收入59.95亿元，全年亏损9.17亿元，上缴税金4.17亿元。这是长丰集团回归整车主业六年来经营业绩最差的一年。

2018年12月21日，湖南省委组织部派人来到长丰集团，宣布李建新同志退休，不再担任长丰集团有限责任公司党委书记、董事长职务。

会上，明确了由党委副书记、总经理刘康林同志暂时主持长丰集团全面工作。上级领导肯定了李建新同志的成绩，指出他从1984年10月起担任七三一九工厂厂长，1996年8月起担任长丰集团有限责任公司党委书记、董事长至今，坚决执行中央和省委、省政府的决策部署，紧紧围绕全省经济发展大局，聚焦主业，实现解困发展，各项工作取得较好的成效。驾驭能力强，班子比较团结，凝聚力、号召力、战斗力较强，善于激发干部职工干事创业。熟悉汽车业务，具有丰富的产品研发、市场开发等企业生产经营管理经验。事业心、责任心强，工作成效显著，一心扑在事业上，靠前指挥，担当作为，以只争朝夕的劲头做好各项工作。带领长丰集团一路披荆斩棘，重新获得整车资质，解决了生存问题，实现了扭亏为盈，推动了长丰集团第四次创业成功。

长丰集团代理负责人刘康林同志在会上作了表态发言。他说，在上级党委的正确领导下，要积极谋划企业的改革发展，确保大局稳定、思想稳定。不论面临多大的挑战和压力，不论面临多大的困难和风险，一定以马不扬鞭自奋蹄的高度自觉，以改革创新精神，以踏石留印、抓铁有痕的劲头扛起责任，团结带领全集团8000名员工齐心协力一起浴血奋战，一起破难题、闯难关，打开新局面，让省委放心，让群众满意。

周海斌成为长丰集团主要负责人

长丰集团的掌门人终于确定。2019年7月，时任湖南省总工会副主任的周海斌出任长丰集团党委书记、董事长。

当时，长丰集团经营形势非常严峻。通过多方调研，新的集团经营班子确立"因地制宜、因企施策、分类处置、分兵突围"的总体思路，实施瘦身减负、分块搞活、苦练内功、盘活存量资产等方式，竭力推动公司改革脱困转型发展。

由于汽车行业销售形势普遍面临断崖式的挑战，猎豹汽车产销持续下滑，面临资产链断裂的风险。

数据表明：2019年1—9月，猎豹汽车生产整车9548辆，库存数量高达21000多辆，销售整车17224辆，经营亏损14.47亿元，产量、销量同比2018年分别下滑83.85%和66.93%。

长丰集团存在的一些矛盾，以不同方式呈现和暴露出来。

一是资产负债率过高。截至2019年9月30日，集团总资产139.76亿元，总负债124.14亿元，资产负债率88.82%。

二是资金链已经断裂。到期银行贷款已出现逾期，长期拖欠供应商货款和产品开发款项合计24.9亿元，拖欠经销商返利资金和预付款合计约4.49亿元，拖欠工程技改款及设备供应商欠款合计10.78亿元。

三是自我造血能力缺失。由于全国有17个省市提前实施国六标准后，国五车型因销售区域受限，各大汽车厂商大幅降价促销，猎豹汽车为消化库存回笼资金，不得不降价销售，致使猎豹汽车生产成本与销售价格倒挂，且因资金短缺，产品缺乏边际贡献而失去造血功能。

值得一提的是，2019年10月10日，在网络上出现一篇新闻《网曝四家中国车企申请破产，上下游供应商产业链500亿坏账》，其中报道："猎豹汽车、众泰汽车、华泰汽车、力帆汽车四家车企年底将进入破产程序，预计涉及上下游汽配供应商产业链合计约500亿元坏账。"该文章引起有关银行、供应商和经销商的重点关注，纷纷来电、上门了解情况，给本已陷入困境的长丰集团带来更大的压力，使企业舆情面临雪上加霜的境地。

2019年，是长丰集团的多事之秋之年。

这一年，发生75起诉讼追债案件，企业银行账户几乎被冻结。

这一年，产品售后服务无法保障，因现金流枯竭无法采购配件，近50万猎豹客户售后服务处于停滞状态，已发生多起客户维权上访事件。

○ 2019年7月，周海斌出任长丰集团党委书记、董事长

这一年，集团以协商离职和经济性裁员方式分流员工3030人，按照双方约定，年底前需支付经济补偿金7624万元。在岗职工待遇难以保障。

这一年，长丰集团负面信息达6454条，主要有：产品质量方面主要来源于车质网、汽车投诉网、车主自发微博及论坛，媒体报道方面主要有"降产停薪""4大车企欠款破产""车辆自燃""投诉负面排行"等，服务抱怨方面主要有售后不解决问题、服务态度差、配件缺失、换配件慢等。

湖南省政府的"4+1"方案

面对长丰集团难以维持的窘局,在湖南省委有关领导的指示下,2019年12月,在湖南省政府机关办公楼,一个关于长丰集团纾困的专题会议召开。会议确定了主要事宜:以省国资委为主,提出"4+1"的总体解决方案。

总体思路,即"政府支持,企业主导;以改促解,依法推进;分类处置、分兵突围"。

具体实施上,"4+1"指长丰集团所属的四个工厂处置一个、移交一个、恢复一个、托管一个。力争通过3年左右的努力,盘活总量资产,有效化解风险,提升企业的效益,实现转型发展。还要求2020年6月之前,长丰集团总部全部迁回永州。

对于省政府的纾困决定,在后来的操作过程中,由于种种原因,一些资源难以到位,一些措施难以落地。

截至2020年3月,长丰集团由原8000人锐减到2000人左右,研发、销售、技术及管理骨干基本离开。

2020年4月,长丰集团总部从长沙搬迁至永州。

从2020年开始,猎豹汽车相继被曝经销商维权、配件断供、经销商停止免费售后服务、售后服务热线停机等问题。

与此同时，猎豹汽车长沙工厂被吉利托管，长丰猎豹的荆门工厂被长城汽车接手。

曾经声名在外的猎豹汽车，就这样一步步走向了沉寂。

2020年底，猎豹汽车的销量下跌至1043辆。同年8月，全国约200名猎豹汽车授权经销商联合发布了《关于停止中国境内猎豹汽车免费售后的声明》，因厂家停止零配件供应，无法提供维修服务，经销商大部分零部件都已经告罄，有将近40万猎豹车主无法享受售后服务。

同年11月20日，猎豹汽车的上游供应商天津百利得汽车零部件有限公司申请猎豹汽车破产审查。

2021年4月30日，猎豹汽车在湖南省长沙市中级人民法院申请破产审查。

2022年2月，湖南省长沙市中级人民法院裁定猎豹汽车、长丰集团、长丰动力、长丰猎豹、风顺车桥进入破产重整程序。六家企业的账面资产总额为93.64亿元，负债总额为111.39亿元，资产负债率为118.96%。

据了解，长丰集团等六家关联企业重整投资人的选定已经有了结果，其中，衡阳弘电新能源科技有限公司为重整投资人，深圳市元征科技股份有限公司（以下简称"元征科技"）、深圳市易启兆车互联网络有限公司（联合体）为备选投资人。

猎豹沉浮，后人评说

作为一个老牌国有企业，长丰集团身上表现出太多的体制色彩。近30年来，国有企业改革一直是有争议的话题，如何确定国企改革路线图，各执一词。依照卫祥云在《国企改革新思路：如何把正确的事做对》的观点，国企改革应注重价值层面的研究，而非操作层面，因为只有把前者研究透了，后者的实施才有实际意义。在实践中，如果按照"有道而术"的研究路径，去研究现行的国有企业，会发现我国的国企源头可追溯至洋务运动，仍抹不去政商一体的色彩。我国与西方"重商主义"形成鲜明反差，地方政府经常站出来，不自觉地干预国企的经济行为。

近十年来，我国国企的改革以"国资委"职能部门的成立为标志，集中开展了"兼并重组"的扩张时期，把国有企业集中到大企业层面，也通过政策性关闭淘汰了国有大中型企业5000家。当年，长丰集团积极推进国际化战略，进行产业扩张，提高产能规模，也是想避免因"散、小、差"被淘汰出局。

党的十八届三中全会为市场经济发展指引新的方向。《中共中央关于全面深化改革若干重大问题的决定》（以下简称《决定》），提出了"紧紧围绕使市场在资源配置中起决定性作用深化经济体制改革"的重要论断,强化了"自由竞争法则"。《决定》对国有企业的改革也明确提出"推动国有企业完善现代企业制度""积极发展混合所有制经济""支持非公有制经济健康发展"等要求,提出"必须毫不动摇巩固和发展公有制经济,坚持公有制主体地位,发挥国有经济主导作用,不断增强国有经济活力、控制力、影响力"。这是一个崭新的信号,正如有人说,当前,国企改革开始从"青铜时代"进入"黄金时代"。

30多年的改革历程中,我国国企改革先后经历了三个阶段,其中,第二阶段的股份制改造、MBO等是基于体制方面的改革,即产权所有制的改革。第三阶段将侧重运营机制、商业模式等突破。尤其《决定》提出的"积极发展混合所有制经济"政策指引,鼓励"国有资本、集体资本、非公有资本等交叉持股、相互融合的混合所有制经济",释放了冲破旧樊篱的新生力量。

湖南省国资委对所属42家国企进行分类监管,把23家划为竞争类,加大竞争性领域混合所有制比重,强调国资向优势企业集中。长丰集团为制造型企业,属于竞争类行业,在国家新的改革大环境下,目标指向混合所有制是对的。前面也谈到,长丰集团已经契合了时代的节拍,走在混合所有制改革的前列,但改革仍是第一步,许多工作有待进一步深化,如怎么处理国有体制的多层级的委托代理关系;怎么引入民营资本或战略投资者,避免"一股独大";怎么加快经营机制的转换,解决国企责任不清、混日子等问题，其中关键是"机制转换和创新"，还要及时解决长期以来经营团队结构不合理、一言堂现象存在等历史问题，以有效地配置资源，发挥国企的优势。这一切，随着李建新退休和企业的衰落而被叫停。

长丰集团重新主导猎豹汽车后，有所忽视企业历史沉淀和变化的环境，没有从战略高度把文化变革列入管理重心，没有进行由外而内的深刻改造。毕竟，如何进行文化提升与变革是互联网时代每一个企业都必须解决的问题，在这方面，长丰集团还有较长的路要走，也没及时跟上。

长丰集团是有湘味特征的企业。

李建新1984年当选厂长，是一个技术情结和民族情结都很浓厚的企业领导人。在他的眼里，长丰集团要做中华民族汽车的"骄子"，也有能力做好。为此，一生忙忙碌碌，疲于奔波。李建新在产品开发、工艺改进等技术领域，习惯性地冲在第一线，既是元帅，也是先锋，更是总设计师，众多角色集一身，这种角色在公司创业阶段，很好地激励着众将士，成为企业上下的楷模。

很多企业创立时间一长，在内部就容易形成一种"英雄崇拜主义"现象。在普通员工眼里，李建新这个"大家长"就是企业的"大英雄"，在他及其团队的带领下，长丰集团从一个小军工修理厂发展成为一个现代企业集团，大家对他无不充满着敬畏与服从。当然，这也与他的管理风格有关。在管理上，李建新是比较强势的，从上到下基本上形成了"一呼百应"的氛围。不过，他也非常重人情、讲面子，在浓厚的"家"文化的倡导下，其强势管理让整个企业上下基本呈现一派和谐的景象。

李建新对欣赏的人才，所持的是"人本"理念，对一些观念异己的人才也是胸襟宽广的。

他主政企业30年，长丰集团已形成浓厚的"用人文化"氛围，围在李建新身边的或担任要职的，都是能力强的人才。他像其他国企领导人一样，喜欢"敬业、奉献、忠诚"等定性高评的人才。二次重组后，当初一些围绕在他身边的人才，包括一些高管或骨干大量出走，给李建新带来强烈的冲击。后来，长丰集团制定出"长丰军规"（员工版和高管版）对员工和管理层分别规范，倡导"精简高效"的管理，开始文化变革的前奏。

由此，企业进行反思，要走管理变革之路，开始由繁入简的管理思路。追求简单有效的管理模式，是一个适应时代的伟大转变，常会取得意想不到的效果。这使人想起，当年乔布斯第二次返回苹果公司，大面积舍弃产品，仅留下iMac、iPod等两三种产品，取得了成功；奇瑞汽车的孙勇、李峰负责营销时，把一个产品几十种配置精简至几种配置，也取得了成功。

有些遗憾的是，长丰集团的管理变革开了头，由于种种原因没有持续推进。

第三次工业革命下，汽车业界竞争态势进一步加剧，产业集中度日趋加强，业内重组屡见不鲜。产业重组可以促进规模、品牌提升，摆脱边缘化和被淘汰的命运。在这个背景下，商业模式升级是企业实现跨越的桥梁。

什么叫商业模式？德鲁克说："当今企业之间的竞争，已经不是不同产品之间的竞争，而是商业模式之间的竞争。"汽车产业重组成功与否，主要看商业模式是否升级或创新。

如果单纯地以重组借壳上市，或增加规模，终究难以走远。全球近10年的重组案例也有类似的注脚。当年天汽与一汽重组，被外界看好，但因没有对自主品牌资源的加码，使自主标志性产品夏利从如日中天的地位坠落。长安集团对昌河汽车的重组更是让人遗憾，规模的拼凑以及过多的承诺，以致让昌河汽车失望甚至愤怒，造成不必要的群聚争斗和纠纷事件。在对重组企业的商业模式策略上，广汽集团是有智慧的。广汽集团通过二次重组顺利地借壳实现"A+H"在沪上市，也顺理成章地成立了广汽三菱公司，弥补了SUV短板，并为其铺设了国际大道。

当面临长丰集团强烈的民族汽车情结时，广汽集团似乎做了许多让步，以保证长丰集团的平稳发展。

按照产业界重组专家黄奇帆的观点，成功重组需符合五大因素：选准时机、选好对象、坚持多赢、依法与公平、量力而行。显然，广汽集团对长丰汽车的重组符合以上标准，拿捏到位。

要实现重组企业的可持续发展，必须结合时代潮流，从管理模式、企业文化、人才队伍、产品布局等方面认真分析，才能做好资源聚合与优化，夯牢可持续发展的基石。

猎豹汽车从辉煌走向没落，行业内大部分人士选择了三缄其口。大部分人士认为，在当前全球汽车行业颠覆式的大形势下，生存艰难是大部分车企的现状，国内部分自主品牌汽车厂商普遍难以独善其身，猎豹汽车并不是个案。

也有部分人的观点或为一家之言。全国乘用车市场信息联席会秘书长崔东树曾说过，猎豹汽车走到现在这一步，主要还是因为它当时的SUV产品技术升级相对比较慢，产品市场压力比较大，与三菱结束合作之后没有形成自己有效的技术发展能力，导致逐步边缘化。

有人认为，猎豹汽车产品比较单一，在国内车市井喷期过后，抗风险能力较差。十年前国内车企是井喷式增长的态势，猎豹汽车瞄准SUV市场，并且引进了三菱的技术，价格只有合资车的一半，受到了市场的接受和追捧。但是结束与三菱的合作之后，自主研发能力没有跟上。

还有人说，新能源产品的缺失也是猎豹汽车衰落的原因之一，自主品牌大多靠新能源实现弯道超车，猎豹汽车却没有抓住这个机会。

重组嬗变，说说一二三

从某种角度上说，当年广汽集团运用资本市场之手，并购重组长丰是比较成功的。不可否认，广汽集团对重组的敏感问题处理得比较到位，达到多赢效果。

一是重组中的文化冲突。

重组企业，企业文化的冲突最先凸显。企业文化是企业全体成员在一定的经济管理实践中，逐渐形成的包括企业的最高目标、共同的价值观、作风和传统习惯、行为规范和规章制度在内的有机整体。实践中，企业文化与企业管理是融合在一起的。

在企业并购中，文化冲突会表现在价值观、行为规则、习俗等方面，尤其是行为规则差异，常会引起冲突。

纵观许多企业并购案例，皆因为文化冲突而失败。例如，1987年全美航空公司（US Air）收购皮德蒙特航空公司、1995年的阿普亚（Appia）收购案例，最终都是由于文化冲突而失败的。以管理学大师迈克尔·波特的观察得出，通过并购进入新的工业部门的50%以上的企业，进入全新经济领域的60%的企业和进入完全无关经营领域的74%的企业，都以失败告终。失败的主要原因就是企业文化没有整合好。

有人认为，企业文化整合是"虚"的，追求企业利润的最大化才是实的。但并购后的整合管理是一个复杂的系统，涉及大量的内部因素、外部因素、有形因素、无形因素，以及当地政府、企业内部的政治因素，还有产业的政策与宏观形势等因素，这些因素的复杂性和交叉性，加大了整合管理的难度。一些企业被并购后，被重组企业文化依然闪烁着智慧的火花，无法用物质的因素加以掩盖。

长丰集团作为一个有72年历史的老国企，具有较深厚的文化底蕴，而广汽集团是近10年由广州市众多国企整合的，所以，当用广汽集团的企业文化来渗透和引导长丰集团时，一些员工会发现广汽集团文化对长丰员工来说是有些不切实际的。

而当被重组企业员工对外来文化产生强烈的抵触情绪时，就会不可避免地产生矛盾，加大冲突。因为在企业并购过程中，一部分员工很怀念过去，对企业原有的东西很是偏爱。

二是重组后的企业兴衰。

重组是资本市场的永恒主题。较长一段时间内，借助国家宏观政策实施兼并重组来调整产业布局，形成了一条完整的利益链。有人概括，我国车企扩张道路上主要有三大途径：合资、建基地和兼并重组。因为重组牵涉各方利益相关者，常常会聚焦更多人士的目光。

汽车业重组是否能使被重组企业获得新生，而不沦入进一步衰败的境地，核心人才流失问题成为一个关键。

广汽长丰公司2009年第一次重组因不裁员、不调整班子，有效地开发沉淀的人力资源，实现了平稳过渡，留住了一些关键人才，所以在重组合同签订的第二年，企业产销量超过4万多台，创历史的最高纪录。

2011年的第二次重组，因为重组时间较长，给生产经营带来一定影响，一批人才相继流失。就在当年，管理者敏锐感受到人才的大量流失将彻底葬送这个企业的前景，果断采取三种方法留住人才：一为公开场合经常强调重组后，管理干部的岗位保持待遇不变；二为允许长丰集团调回在广汽长丰的各类技术管理人才，为其所用；三为在猎豹自主品牌经营团队和员工队伍组建时，允许自主品牌团队优先选择。如此一来，的确留住了一些骨干人才。

现实中，也有企业对人才流失或员工队伍控制不好，导致重组的失败或遭受摧残性的打击。当然，这种结果不是重组双方所愿意看到的。这种案例也是身边常见的。当年，长安就曾寄希望于借助重组昌河、哈飞，为自身在微车领域与五菱汽车竞争中掌握主动，可惜昌河最近再次要独立，这桩当时看似"门当户对"的并购案基本宣告失败。而北汽出手先是收购镇江汽车，拟投入150亿元打造江南基地，随后又爆出在银川建厂的消息，有人推测它将成为昌河"二次出嫁"的重要接盘手，这也是北汽力争跻身中国车企前四的重要砝码。

三是重组的目标：商业模式升级。

我国30年的辉煌成就得益于"要素驱动"和"投资驱动"，

在世界即将进入新一轮产业革命时期，"创新驱动"成为社会谈论的共同话题。而这在汽车业更是一个热门的话题。

党的十八大后，我国经济的总基调为稳健发展，新型城镇化成为汽车快速发展的重大商机。世界银行预测，未来中国20年城镇化会从52%提升至70%，服务业产出比会从43%上升至61%。在重大商机面前，汽车业界竞争态势进一步加剧，产业集中度日趋加强。2013年中汽联的数据表明：中国上汽、一汽、东风等前10家企业的产销量占整个市场的70%，而且，每年都上演着业内重组的剧目。大家都清楚，通过合适的产业重组可以较快地提升规模、产品及品牌等，摆脱被边缘化，甚至被淘汰的命运。

汽车产业的重组成功与否，取决于商业模式能否升级或创新。如果只是单纯地以重组借壳上市，或增加规模等，终究是难以走远的。

在商业模式上，广汽集团是有战略智慧的。

当广汽集团通过对广汽长丰的二次重组后，比较顺利地借壳实现"A+H"在沪上市，顺理成章地成立了广汽三菱公司，与三菱汽车握紧合作之手，为曾经的SUV打开了国际化通道。

然而，当面临长丰集团强烈的猎豹汽车情结和湖南省政府的要求，广汽集团做了许多让步，包括分流人才的优先选择、汽车资质的最大支持、零部件企业的股份等，保证了作为被重组企业长丰集团的平稳和可持续发展。

但广汽集团从战略层面，理顺了产业投资的布局、完善了产品线的结构、搭建了横跨国际国内的融资高地,为实施"大广汽战略"打下坚实的基础。

按照产业界专家的观点,广汽集团对长丰汽车重组的"度"拿捏得非常到位。作为被重组过的长丰集团,要实现可持续发展,必须在商业模式上创新,如通过列出一张商业模式表,将企业业务环节和资源禀赋强弱列出来进行分类、分析、精准分析与定位,找出利益相关者的价值,让企业掌控的资源聚合与优化,产生新的价值。

美国哈佛大学前任校长拉里·萨莫斯曾说了一句话,当今最成功的人,他们的特点不是掌握了多少知识点,而在于他们思考问题的方式,在于他们能够把很多东西结合在一起的方式,在于他们能够发现人们从前看不到的模式。

不得不说,长丰集团在72载历史长河中有过徘徊,有过奋起,还有过辉煌,尽管现在已在行业中逐渐淡去身影,但是,企业曾为民族汽车品牌崛起而表现的坚韧不拔和勇于拼搏精神,值得称赞。

长丰集团或猎豹汽车,一个曾经在汽车市场的奋斗者,虽然如今黯然退出,但一定会在中国汽车发展史上留下一笔,是非成败,任后人评说。

后记

　　历史车轮滚滚向前，挟着时代变迁的凌厉与无情。任何企业或个人，在历史长河中都只是昙花一现。如果一个企业的历史轨迹，如浩瀚星空上的一颗流星曾留下些许耀眼光芒，也应获得尊重和敬仰。

　　国企改革30多年，开辟了市场经济时代的新气象。在复杂而敏感的国企改革拉锯战中，身临其中的人会体验到恢宏与惊喜，也会有担忧和困惑。在改革的岁月里，让利放权、承包经营、股份制改造、MBO、身份置换等众多举措，如江河汹涌奔腾里的急浪，接二连三，让人眼花缭乱。诚然，在大浪淘沙、云谲波诡的国际竞争中，一些国企由盛而衰，继而灰飞烟灭；一些国企借机拾级而上，发展壮大；也有一些国企则以新的面孔出现在人们面前。时代的变迁，改革的深刻，让众多国企经历了由计划主体向市场主体的蜕变，历经了市场经济的种种考验。

　　长丰集团，是一家经历改革阵痛而顽强生长的企业，它的改革与发展历程具有浓厚的时代性，也有敢于不懈探索体制约束下变革的独特魅力。它的发展历程凝聚着兴衰、改革与奋进的时代元素，背后的曲折故事值得总结与挖掘，值得人们去关注与了解。

　　回顾长丰集团的历史，犹在阅读一本散发着历史厚重感的经典书籍，带有一股鲜明的体制性色彩，却也难以掩盖其浓烈的时代气息，其中曲折迂回的故事可能为国企改革找到一些生动的注脚，抑或寻觅到新生力量的胚芽。

　　笔者曾目睹这家企业的改革和奋起。长丰集团有着50多年军工企业光环，由一家军工修理所蜕变，从湘南偏远山区走出来，几年后迅速成长为国内叱咤风云的越野汽车制造商，然而，企业又迅速回落，一度陷入发展的困境。企业每一步成功总是那么短暂，之后的困难与考验也让人始料未及。尽管企业一直奋力突围，但当时的环境和相关政策法规没给它留下太多的时间与空间。自2009年广汽集团入湘，至此，长丰集团的整车制造业务开始转向，经受二次重组的连续震荡，遭遇优良资源的丧失和大批人才出走的严峻考验，猎豹汽车自主品牌面临边缘化甚至消失的重大危机，基于对自主品牌的关爱，长丰集团为此积极奔走，争取各界各方的支持，最终成功主导猎豹汽车，生产经营日益改善，拉开了猎豹汽车复兴的序幕，并成就了2017年的高光时刻。伴随着猎豹汽车创始人李建新的退休，在多重复杂的外部因素影响下，猎豹汽车产销陡降，陷入巨亏，直至破产重组，人们滋生许多感慨。

2022年，国内外形势的突变，我国汽车面临供应链风险加大及行业技术变革的时代新挑战，而且，互联网和电子通信业巨头正在以不同的方式进入新能源和智能网联汽车领域，汽车企业内部制造业和服务业融合也在加速，倒逼汽车企业加快转型，加速了我国汽车产业"新四化"进程。自主品牌汽车如何在"智能网联汽车"汽车强国战略选择下找到自己的空间，成为新的产业优势，任重而道远。

市场竞争更加残酷，道阻且长，明天的自主品牌汽车也许将遭遇更大的挑战。期许梳理长丰集团和猎豹汽车的沉浮录，可以给业内人士一些启迪。在此，向所有心怀梦想而不懈努力的汽车人致敬，愿自主品牌汽车行得更稳、更远。

梦想高远，勇者无畏！

参考文献

[1] 李建新.中国企业发展的技术创新研究[M].北京：中国言实出版社，2003.

[2] 唐纳德·基奥.管理十诫[M].蒋旭峰，璩静，译.北京：中信出版社，2010.

[3] 编写组.长丰集团厂史（第一卷）[M].湖南：湘江出版社，1992：5.

[4] 编写组.长丰集团厂史（第二卷）[M].湖南：湘江出版社，2001：5.

[5] 编写组.长丰集团厂史（第三卷）[M].湖南：湘江出版社，2006：5.

[6] 王吉鹏.企业文化建设（第四版）[M].北京：企业管理出版社，2013：7.

[7] 湖南新闻图片画报社文化传播中心.长丰企业文化手册[C].内部资料，2005.

[8] 王廉.中国企业与世界企业的文化对接[M].广州：暨南大学出版社，2008.

[9] 蓝狮子.鹰的重生:TCL追梦三十年1981—2011[M].北京：中信出版社，2012.

［10］湖南省工业经济联合会.2013湖南100强企业发展报告［M］.长沙：湖南人民出版社，2013.

［11］杨新民.企业号角：湖南省企业报优秀新闻作品选评［M］.贵阳：贵州人民出版社，2006.

［12］雅克·沃根辛格，安德烈·雪铁龙：汽车世纪的奠基人［M］.刘海宁，译.北京：华夏出版社，2013.

［13］樊峰宇.公司政治：掌握公司命运的隐性力量［M］.北京：中国纺织出版社，2009.

［14］特伦斯·E.迪乐，艾伦·A.肯尼迪.新企业文化［M］.孙健敏，黄小勇，李原，译.北京：中国人民大学出版社，2009.

［15］特伦斯·E.迪乐，艾伦·A.肯尼迪.企业文化［M］.孙健敏，李原，译.北京：中国人民大学出版社，2008.

［16］罗长海.企业文化学（第三版）［M］.北京：中国人民大学出版社，2006.

［17］罗长海.汽车重组的思考（第三版）［M］.北京：中国人民大学出版社，2013.